LAURA HUERTAS MILLÁN
CURANDERXS

HARTMANN BOOKS

AFTER NATURE
ULRIKE CRESPO
PHOTOGRAPHY PRIZE **24**

GRUSSWORT

Christiane Riedel, Mitglied des Vorstands, Crespo Foundation

Laura Huertas Millán und Sarker Protick sind die ersten beiden Gewinner:innen des *After Nature . Ulrike Crespo Photography Prize*. In ihren prämierten Projekten blicken sie aus verschiedenen Perspektiven und geografischen Kontexten auf unsere durch die Moderne geprägte Beziehung zur Natur. Gemein ist ihnen ihr tiefes Interesse an der Geschichte und den Wurzeln unseres Verhältnisses zur Welt, die uns umgibt. In der Überblendung von Historischem und Gegenwärtigem, von Fiktionalem und Realem treten Wahrheiten zutage, die das Dokumentarische erweitern. Wann haben wir gelernt, die Folgen massiver Eingriffe in die Landschaft zum Abbau von Rohstoffen auszublenden? Woher kommt die Vorstellung, frei über die Natur und die Menschen, die sie bewohnen, verfügen zu dürfen?

Mit dem *After Nature Prize* haben die C/O Berlin Foundation und die Crespo Foundation ein in Deutschland einzigartiges Format zur Förderung internationaler Künstler:innen mit einem Interesse an Natur, Fotografie und visuellen Medien initiiert. Jährlich ermöglicht der Preis die Umsetzung zweier rechercheintensiver Projekte, welche die tradierte Trennung einer »ursprünglichen« Natur auf der einen und einer »geformten« Kultur auf der anderen Seite hinter sich lassen. Gerade weil technische Bildmedien wie Fotografie und Film unseren Blick auf die Natur so sehr prägen und berühren, leisten diese im Zusammenhang mit dem Preis entstehenden Projekte wichtige Arbeit für die Zukunft. Sie schärfen unser Bewusstsein für komplexe globale Zusammenhänge und lassen uns die Bedeutung von Bildern erkennen.

Der *After Nature Prize* ist Ulrike Crespo gewidmet, die sich als Fotografin fast ausschließlich mit Natur, Landschaften und Pflanzen beschäftigte. In einigen ihrer Fotoserien spielt die Beziehung von Natur, künstlerischem Bild und technischem Apparat eine besondere Rolle. Der Titel *After Nature* zielt doppelsinnig auf die Fotografie als technisch erzeugtes Bild einer vom Menschen durch Technik geprägten Natur. Die Urheber:innen dieser technischen Bilder sind im Zeitalter des Anthropozäns, des Techno- oder Novozäns besonders befähigt und herausgefordert, das Verhältnis von Mensch und Natur mit ihren Apparaten neu zu reflektieren. Die daraus resultierenden Ausstellungen werden sowohl bei C/O Berlin als auch im neuen Crespo Open Space in Frankfurt am Main präsentiert und sind fortan ein fester Bestandteil im Programm beider Institutionen.

Für die Konzeption und Umsetzung des Preises ist C/O Berlin der ideale Partner. Großer Dank für Inspiration und Kooperation gilt Stephan Erfurt und Louisa Seelis, Katharina Täschner und Boaz Levin sowie dem ganzen Team.

GREETINGS

Christiane Riedel, Member of the Board, Crespo Foundation

Laura Huertas Millán and Sarker Protick are the first recipients of the *After Nature . Ulrike Crespo Photography Prize*. Their prizewinning projects both examine – albeit from different perspectives and geographic contexts – our relationship to nature that has been shaped by modernity. Both artists share a deep interest in history and the roots of our connection to the world around us. By superimposing history and present, fact and fiction, they reveal truths that expand how we understand documentary image-making. When did we learn to ignore the consequences of major operations to extract resources from the landscape? Where does our concept that nature and the people inhabiting nature are at our disposal come from?

The *After Nature Prize* is a format without parallel in Germany that was initiated by the C/O Berlin Foundation and the Crespo Foundation to promote international artists who are interested in nature, photography, and visual media. Every year the prize helps implement two research-intensive projects that move beyond the traditional dichotomy of "primal" nature and "formed" culture. Particularly because image-producing technologies such as photography and film are so decisive in forming our view of nature and striking a chord, the projects created within the framework of this prize are doing important work for our future. They raise our awareness about complex global interconnections and allow us to understand the meaning of images.

The *After Nature Prize* is dedicated to Ulrike Crespo, who as a photographer was primarily concerned with nature, landscapes, and plants. In her series, the relationship between nature, artistic image, and technical equipment plays an important role. The title *After Nature* ambiguously refers to photography as a technically created image of nature that has been shaped by humans through technology. In the Anthropocene, the Technocene, and Novacene, the creators of these technical images are particularly empowered and challenged to reflect anew on the relationship between humans and nature with their apparatuses. From now on, the resulting exhibitions, which will be presented both at C/O Berlin and at the new Crespo Open Space in Frankfurt am Main, will be an integral part of the programs of both institutions.

C/O Berlin is an ideal partner for conceiving and implementing this prize. I would like to extend a big thank-you to Stephan Erfurt, Louisa Seelis, Katharina Täschner, and Boaz Levin, along with the entire C/O Berlin team, for their inspiration and cooperation.

VORWORT

Stephan Erfurt, CEO, C/O Berlin Foundation

In einer Zeit, in der die Auswirkungen menschlichen Handelns auf unser globales Ökosystem immer deutlicher werden, ist es unumgänglich, die Themen Natur, Klimakrise und Nachhaltigkeit aus neuen Blickwinkeln zu betrachten. Mit ihrer Multikanalprojektion enthüllt Laura Huertas Millán die facettenreichen Anwendungen der Kokapflanze vor der Ära des Kokains und nutzt Fiktion dabei als Strategie des Widerstands gegen die koloniale Vereinnahmung. Sarker Protick führt uns auf den indischen Subkontinent, wo er im Ausbau von Eisenbahnverbindungen und in der Ausweitung des Kohlebergbaus die Spuren von Imperialimus und dessen Auswirkungen auf die Gegenwart aufdeckt. Als erste Gewinner:innen des *After Nature . Ulrike Crespo Photography Prize* bieten beide auf unterschiedliche Weise Einblicke in die komplexen Beziehungen zwischen Mensch und Umwelt im Wandel der Zeit.

Wir freuen uns sehr über den Start dieses gemeinsamen Projekts von C/O Berlin und der Crespo Foundation, das herausragende künstlerische Arbeiten zur Förderung des Dialogs über Natur und Umwelt würdigt. Die 2023/2024 bei C/O Berlin präsentierte Gruppenausstellung *Image Ecology* legte den Grundstein für die langfristige Zusammenarbeit und das neue Preisformat sowie die kontinuierliche Auseinandersetzung mit den Themen Natur und Ökologie in der zeitgenössischen Fotografie und den visuellen Medien. Gemeinsam mit den Ausstellungen wird die begleitende Publikationsreihe in den kommenden Jahren all jene Fragen in den Vordergrund stellen, die sowohl die Preisträger:innen als auch uns als Gesellschaft bewegen.

Mit dem *After Nature Prize* und einer langfristigen Partnerschaft haben die C/O Berlin Foundation und die Crespo Foundation eine starke Ausrichtung auf global relevante Themen etabliert, die den Dialog über die Zukunft unserer Welt vorantreibt. Ich danke der Crespo Foundation, namentlich der Vorständin Christiane Riedel sowie dem gesamten Team, sehr herzlich für die vertrauensvolle und bereichernde Zusammenarbeit. Wir freuen uns darauf, mit diesem jährlichen Preis einer breiten Öffentlichkeit eine Vielzahl neuer Projekte zu präsentieren und die Themen ausgehend von der jeweiligen künstlerischen Position zu diskutieren.

Ein großes Dankeschön gilt allen, die an der Realisierung dieses Projekts beteiligt waren, den Mitgliedern der Jury und unserem engagierten Team bei C/O Berlin. Ein besonderer Dank geht an unsere Juniorkuratorin und Projektleiterin Katharina Täschner sowie an unseren Co-Programmleiter Boaz Levin. Ich lade Sie herzlich ein, die kommenden Ausstellungen und Veranstaltungen im Rahmen des *After Nature Prize* zu besuchen und sich inspirieren zu lassen.

FOREWORD

Stephan Erfurt, CEO, C/O Berlin Foundation

In an era in which the impact of human actions on our global ecosystem is becoming increasingly apparent, it is appropriate to examine the topics of nature, climate crisis, and sustainability from new perspectives. Laura Huertas Millán's multichannel projection, which is based on research done in the cultural and historical landscape of Latin America, investigates the rich uses of the coca plant prior to the cocaine era, using fiction as a strategy of resistance against colonial appropriation. Sarker Protick takes us to the Indian subcontinent, revealing the traces of imperialism and its impact on the present in the expansion of the railroad connections and the development of coal mining. As the first recipients of the *After Nature . Ulrike Crespo Photography Prize*, both offer insight into the complex relationships between humans and the environment over the course of time from different perspectives.

We are pleased to launch this joint project of C/O Berlin and the Crespo Foundation that recognizes outstanding artistic work promoting the dialogue between nature and the environment. The group exhibition *Image Ecology*, which was presented at C/O Berlin in 2023–24, laid the foundation of our long-term collaboration, the new prize format, and the ongoing examination of the topics of nature and ecology in contemporary photography and the visual media. Along with the exhibitions, the accompanying series of publications will focus on all the issues that concern prize recipients as well as our society in the coming years.

The *After Nature Prize* and the long-term partnership between the C/O Berlin Foundation and the Crespo Foundation have established a strong focus on globally relevant topics that advance the dialogue about the future of our world. I would like to thank the Crespo Foundation, especially chairwoman Christiane Riedel and her whole team, for our trusting and enriching collaboration thus far. We look forward to presenting many new projects to a broad audience and to discussing the topics that are associated with each artistic project to come.

A big thank-you is due to everyone who was involved in implementing this project, along with the members of the jury and our dedicated team at C/O Berlin. I would especially like to thank Katharina Täschner, our junior curator and project manager, and Boaz Levin, our co-head of program. You are cordially invited to visit and be inspired by the future exhibitions and events within the framework of the *After Nature Prize*.

CURANDERXS

Multikanal-Projektion / Multichannel projection, 2024
Skizzen, Mood- und Storyboards, Filmstills / Sketches, mood boards and storyboards, and film stills

Unter den historischen Schilderungen über Pflanzen und den Kolonialismus findet sich eine einzelne Zeile, die auf die Geschichte einer Gruppe von Frauen im Peru des 17. Jahrhunderts verweist. Als die Kokapflanze von den spanischen Erober:innen kriminalisiert wurde, begannen einige Frauen, die Pflanze heimlich zu verbreiten, indem sie sie unter ihren Röcken versteckten: Ein heimlicher Handel mit der Pflanze zur Unterstützung der indigenen Bevölkerung, die in den kolonialen Minen versklavt wurde.

Among the historical narratives about plants and colonialism, there is only one line that refers to the history of a group of women in seventeenth-century Peru. When the coca plant was criminalized by the Spanish invaders, some métisse women started secretly distributing the plant, hiding it under their skirts: clandestine trafficking of the plant to support native people enslaved in the colonial mines.

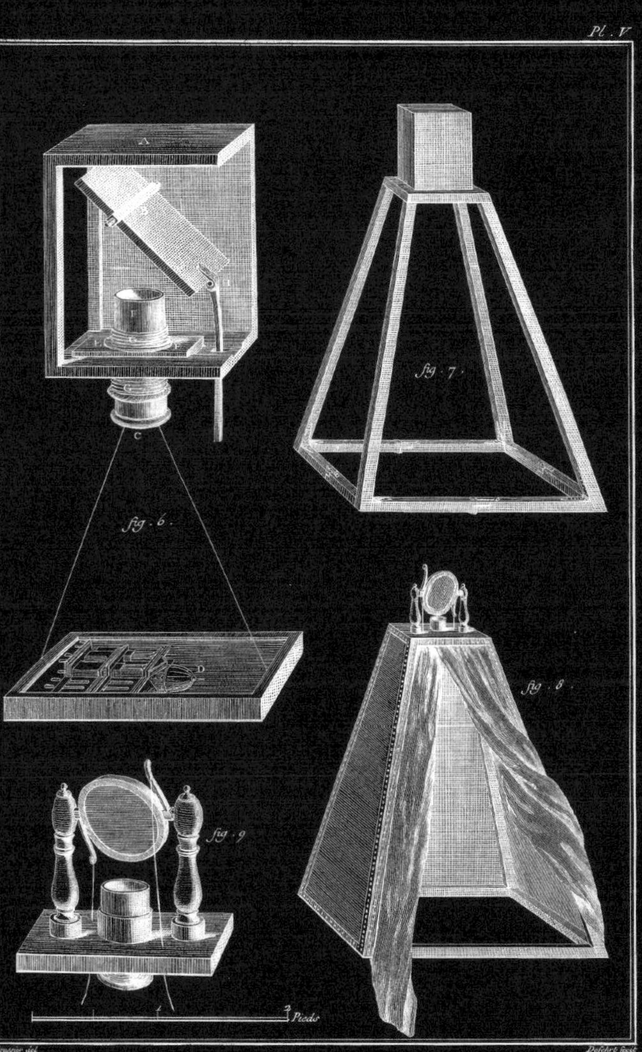

Dessein, Chambre Obscure.

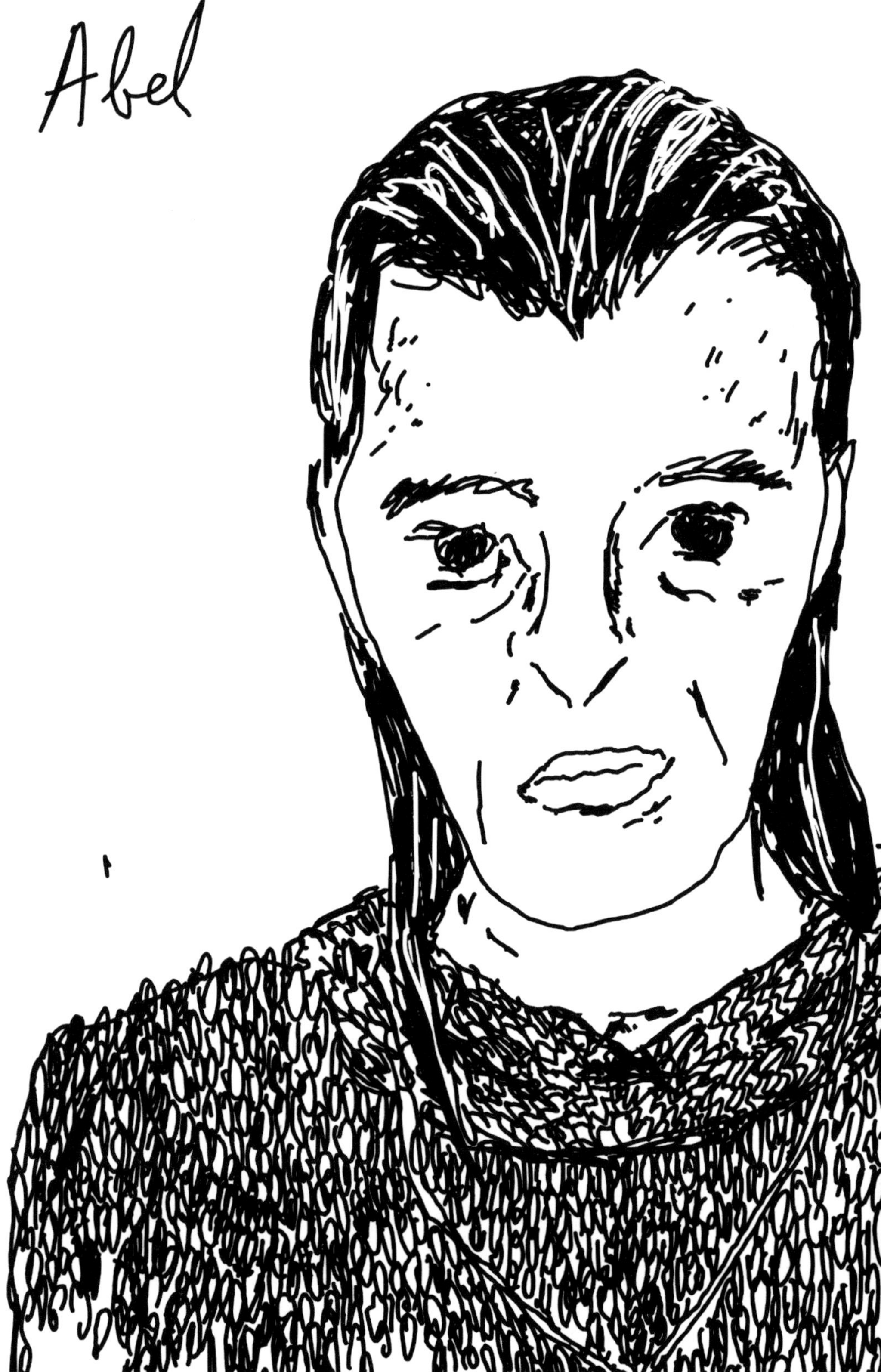
Abel

Una mujer que no vemos en el cine la equivalente de un Al Pacino a los 50s.

Carisma de

OUF

pendentiF
épée (Ø
croix)
réputation
·killer

Sexyness
Rides
cheveux
blancs

Vestirse
//

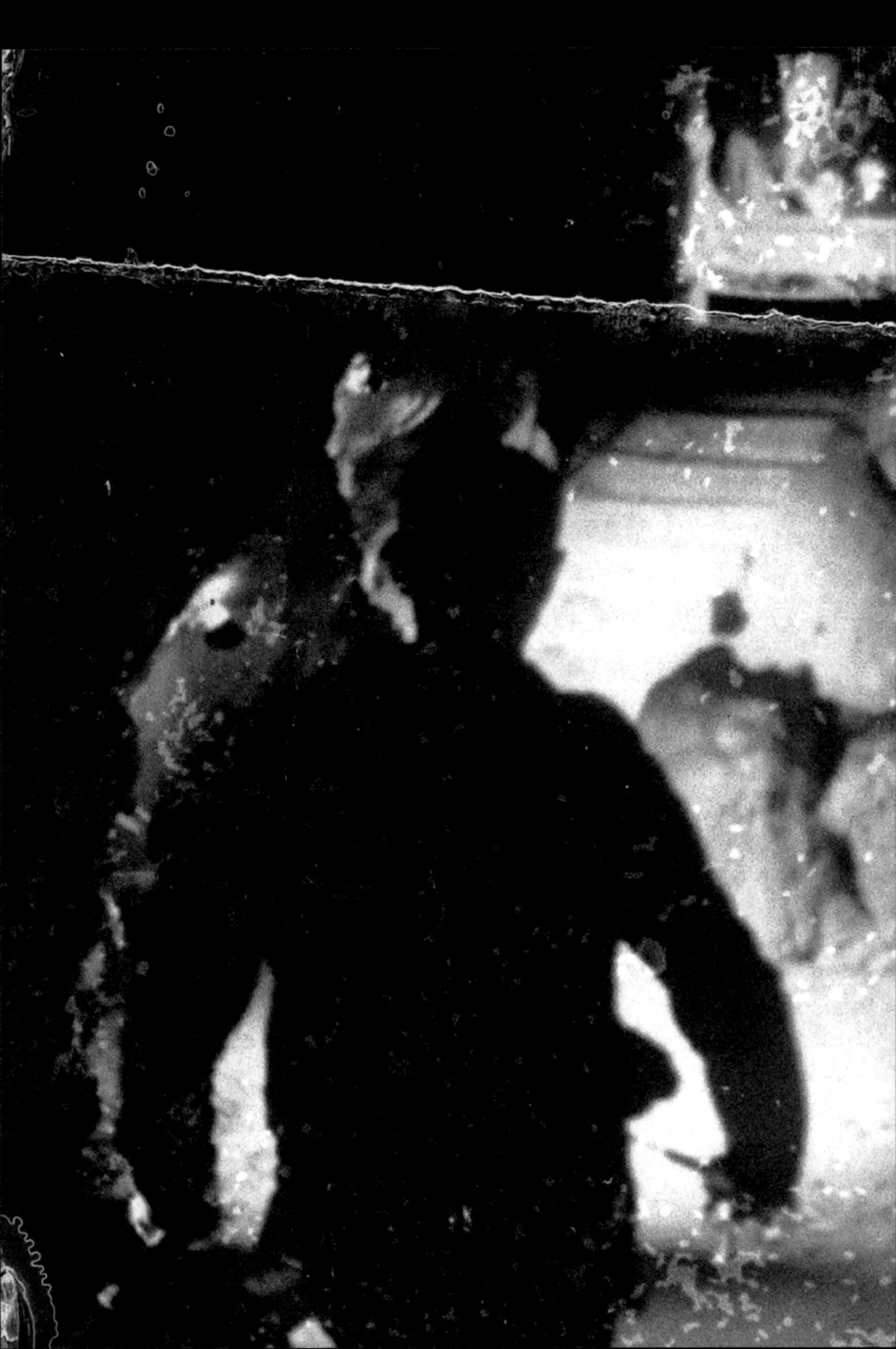

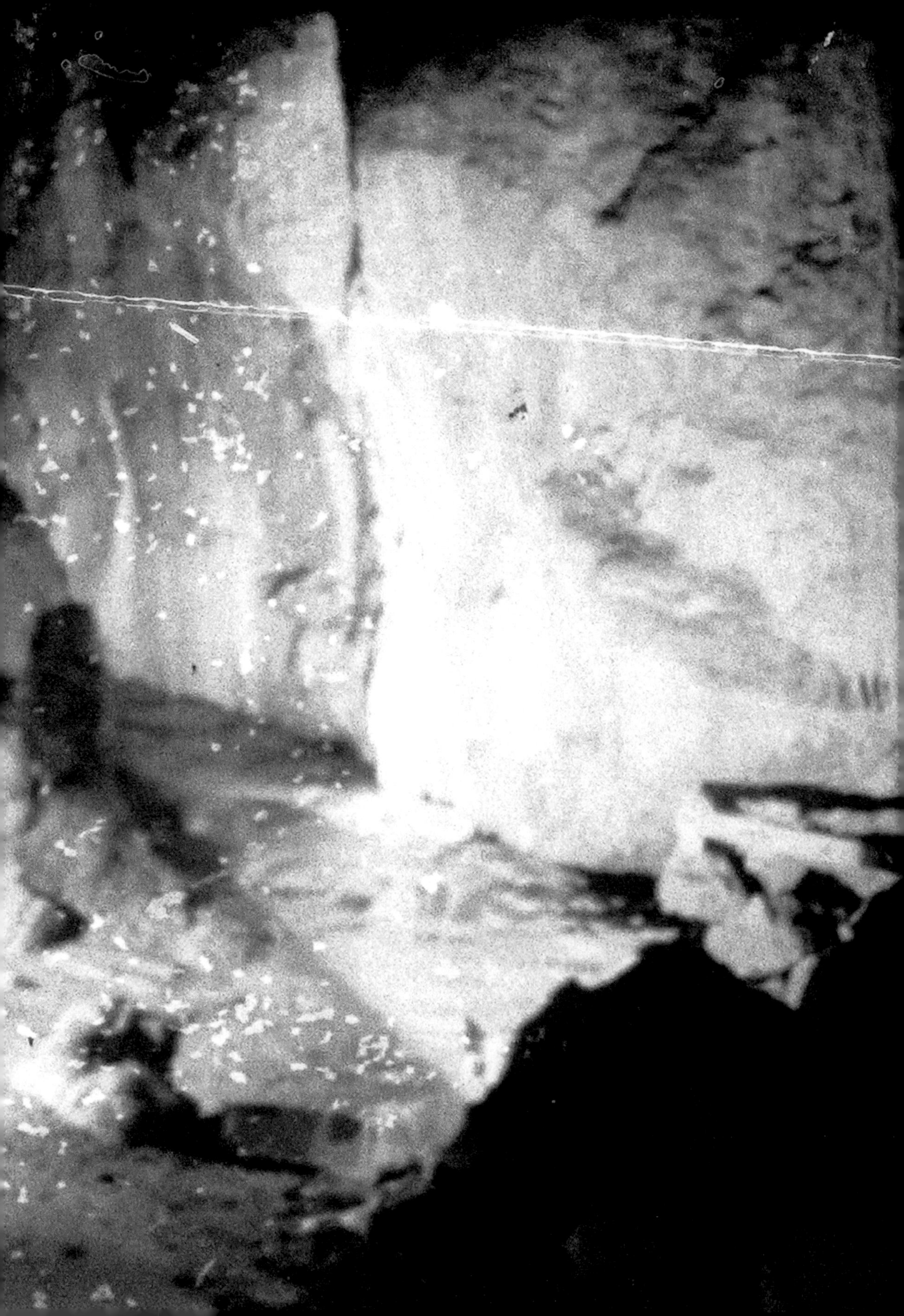

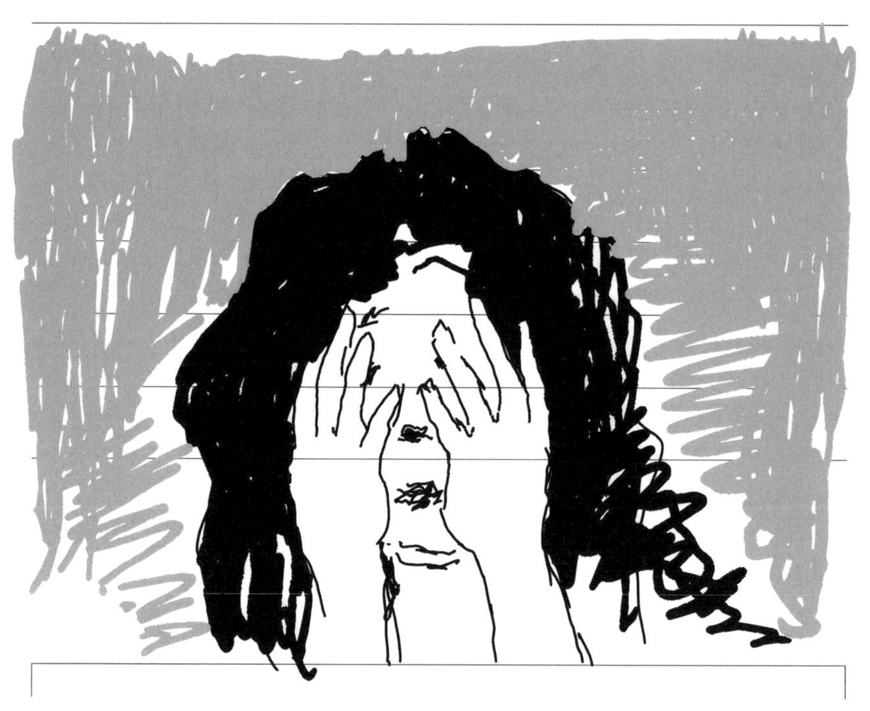

« MÈRE,
MÈRE ! »

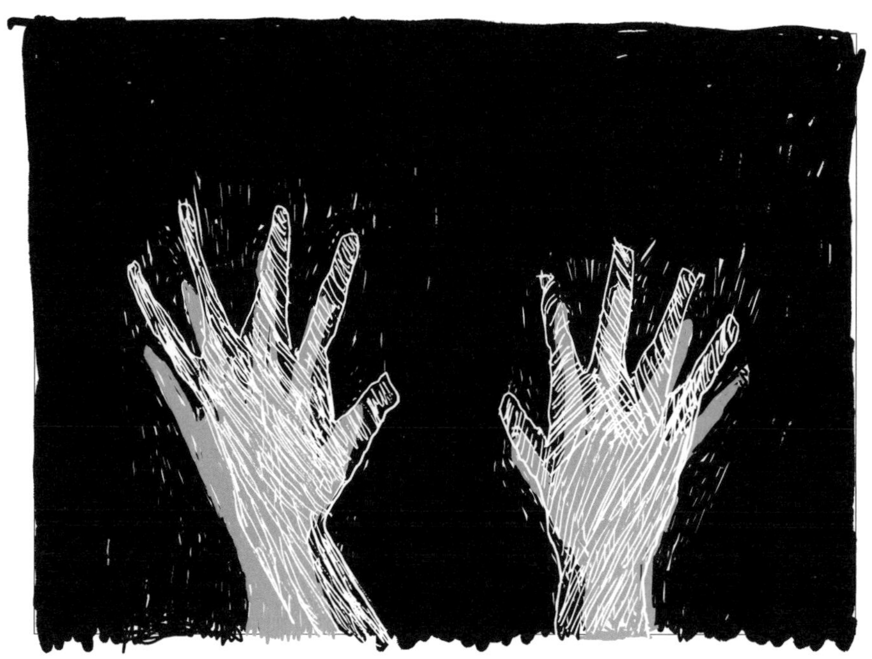

les mains de sa mère se rendent
visibles en surimpression. Le fantôme

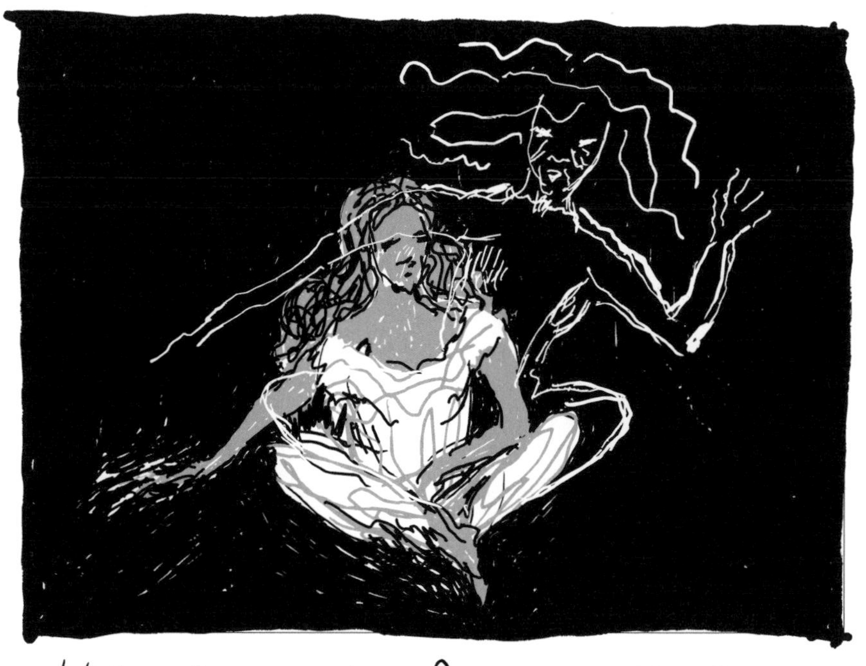

LES DEUX FANTÔMES SE SEPARENT

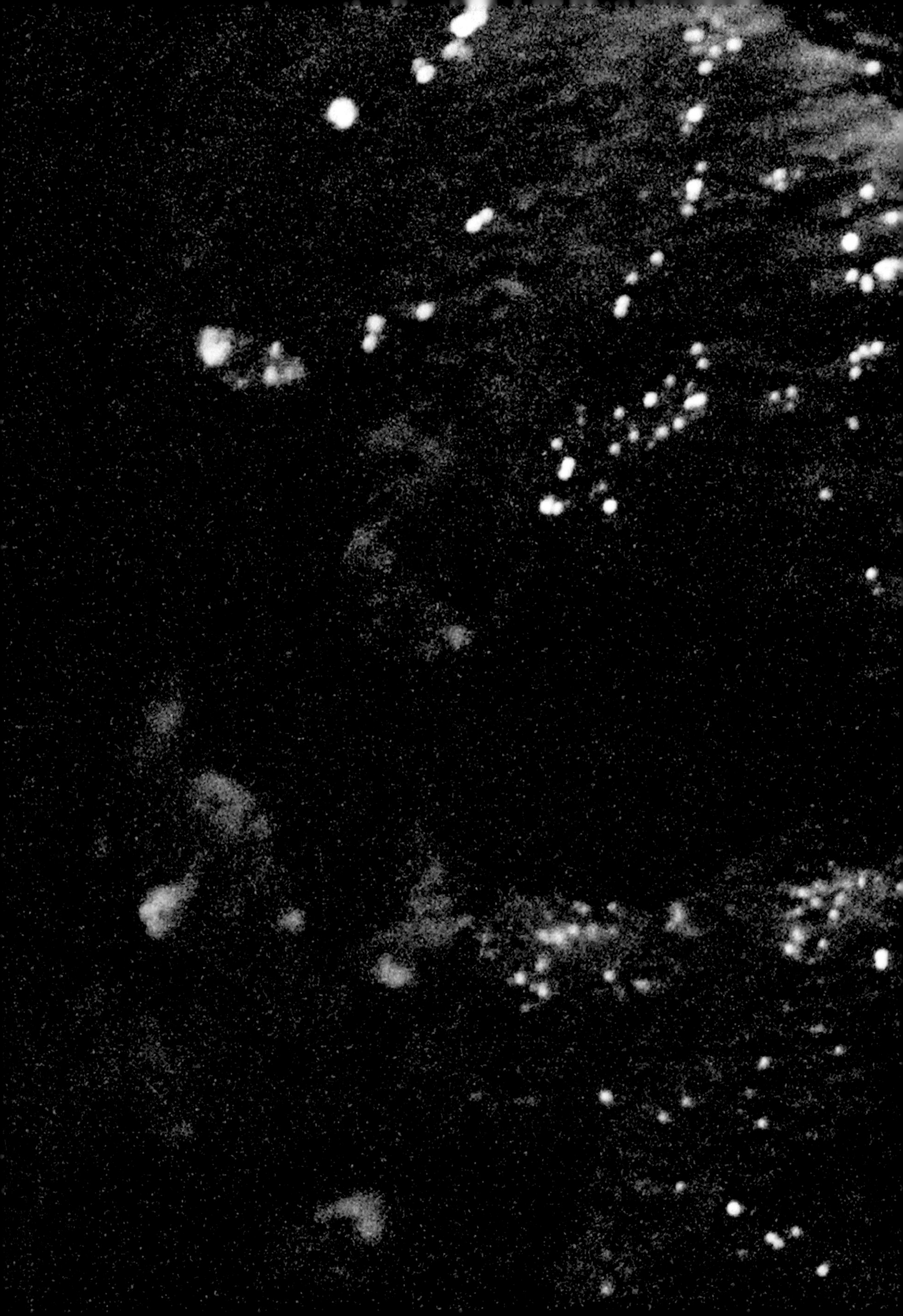

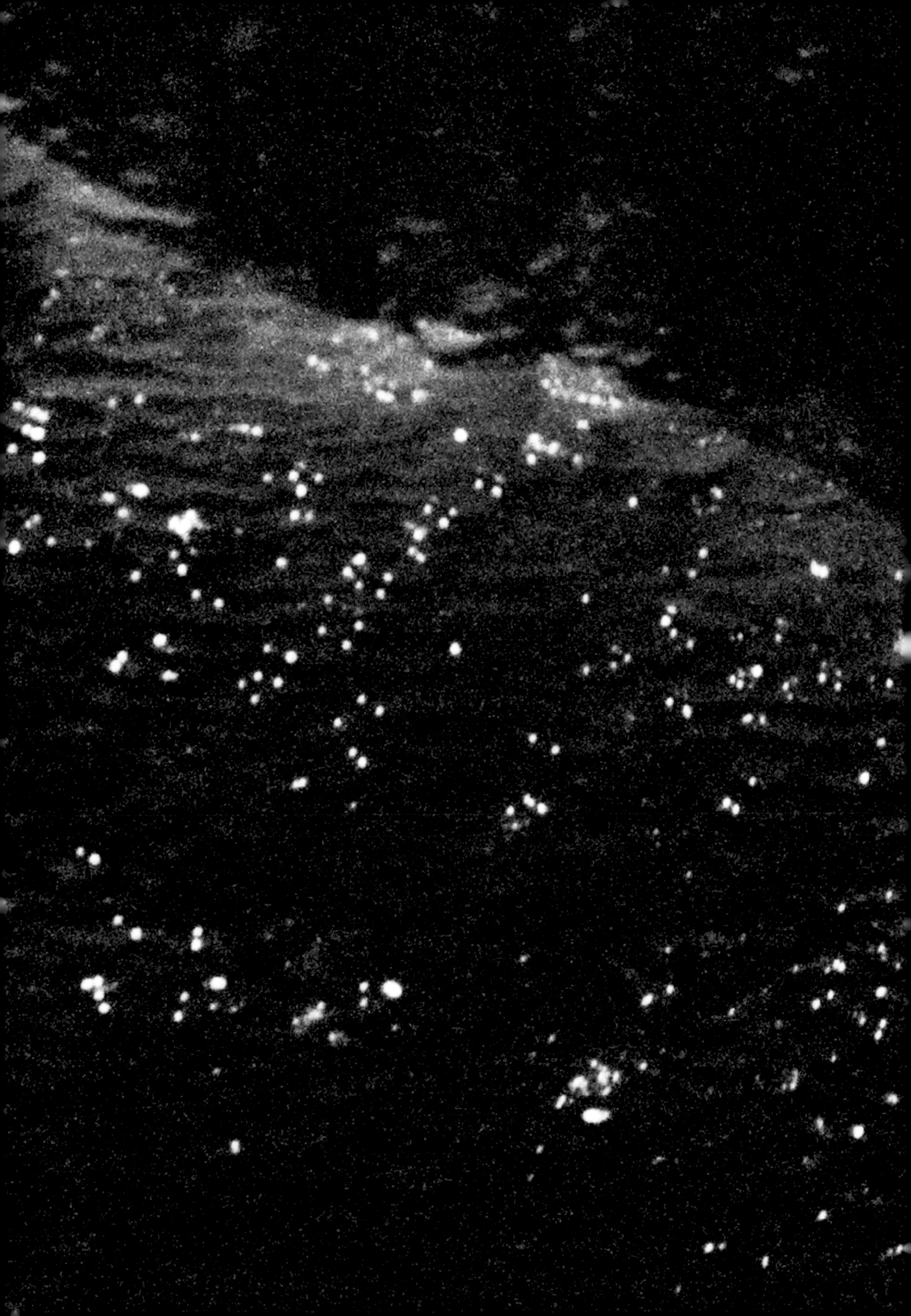

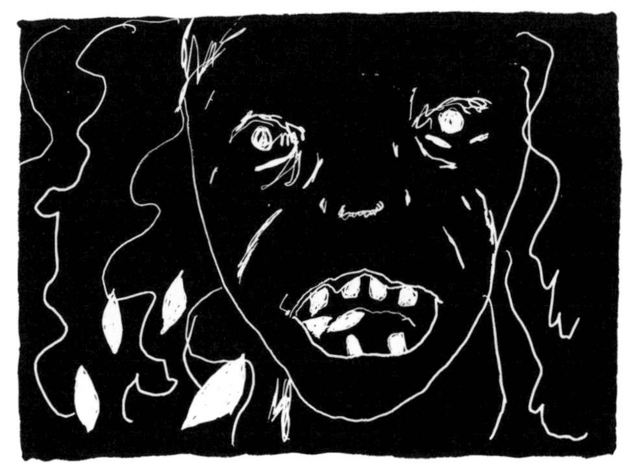

MUETTE, LES FEUILLES DE COCA SORTENT DE LA BOUCHE DE LA MÈRE.

PAS EN GUISE DE PAROLE, NI DE MESSAGE. C'EST UNE DIVINATION.

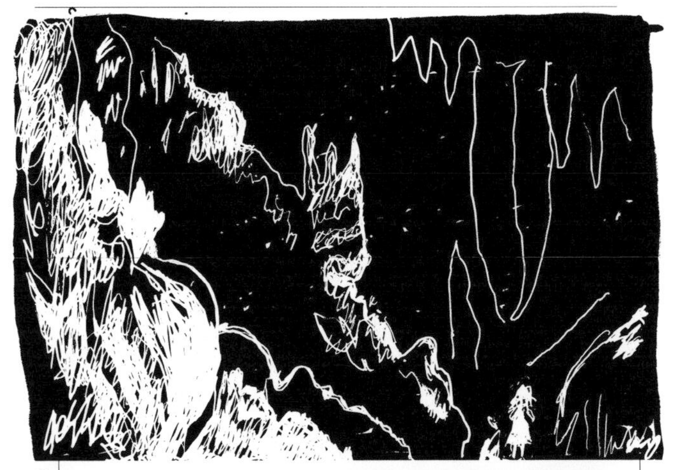

« TU CONNAIS LE CHEMIN
DU RETOUR.
TU ES PERDUE À NOUVEAU
DANS LES MÉANDRES DE
L'OCCUPATION. »

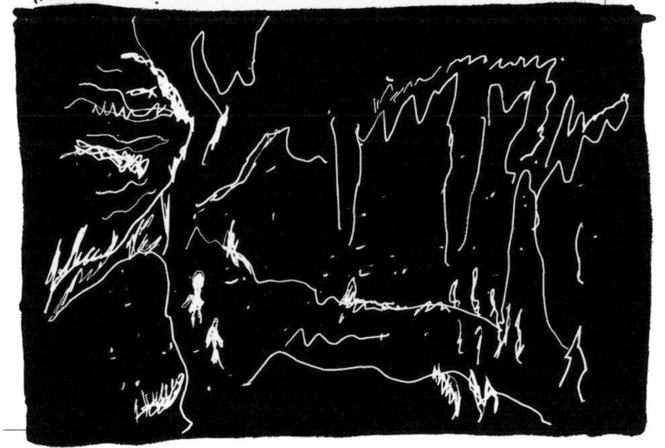

the two ghosts leave in silence
coming back to the cave of
time and nothingness which
is not a void, but the
center of the earth.

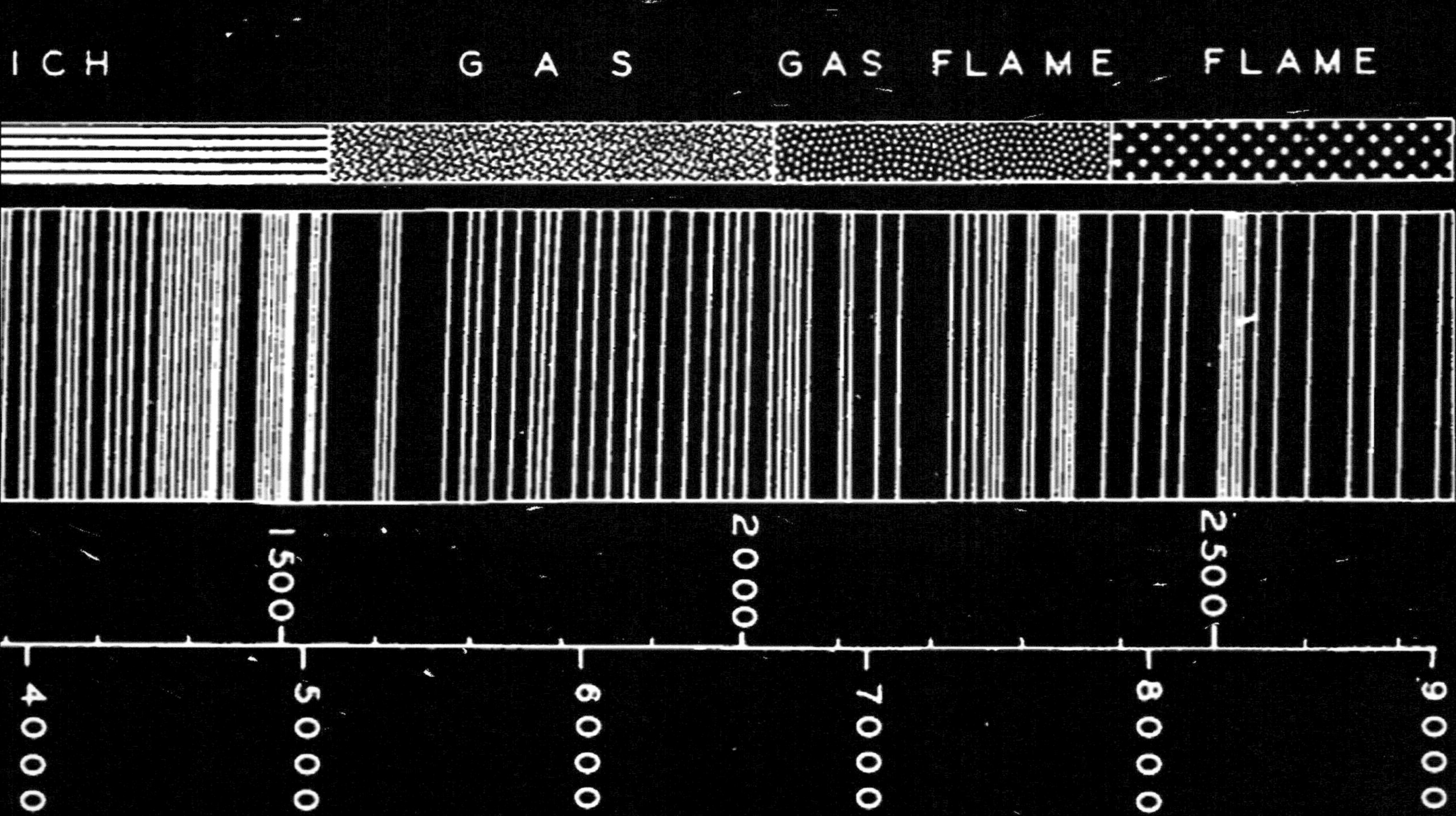

ICH
GAS
GAS FLAME
FLAME
1500
2000
2500
4000
5000
6000
7000
8000
9000

MINA

la mina shapeless and earthy form
terrestrial
into the earth
go to the darkest place
symbolically loaded
to understand how / what colonizers did in mining in the Americas, we can look at ancien western myths regarding mine
es 1 mirada subvertida
MIRAR desde el SUR
los santos
las virgenes

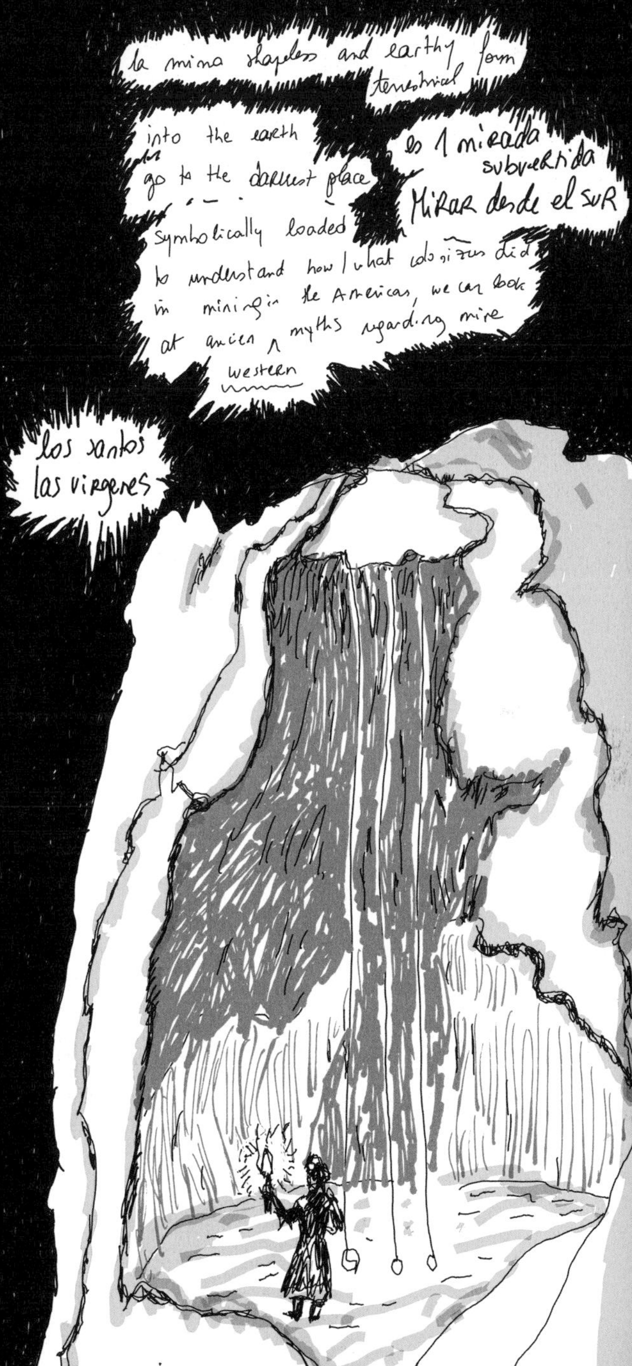

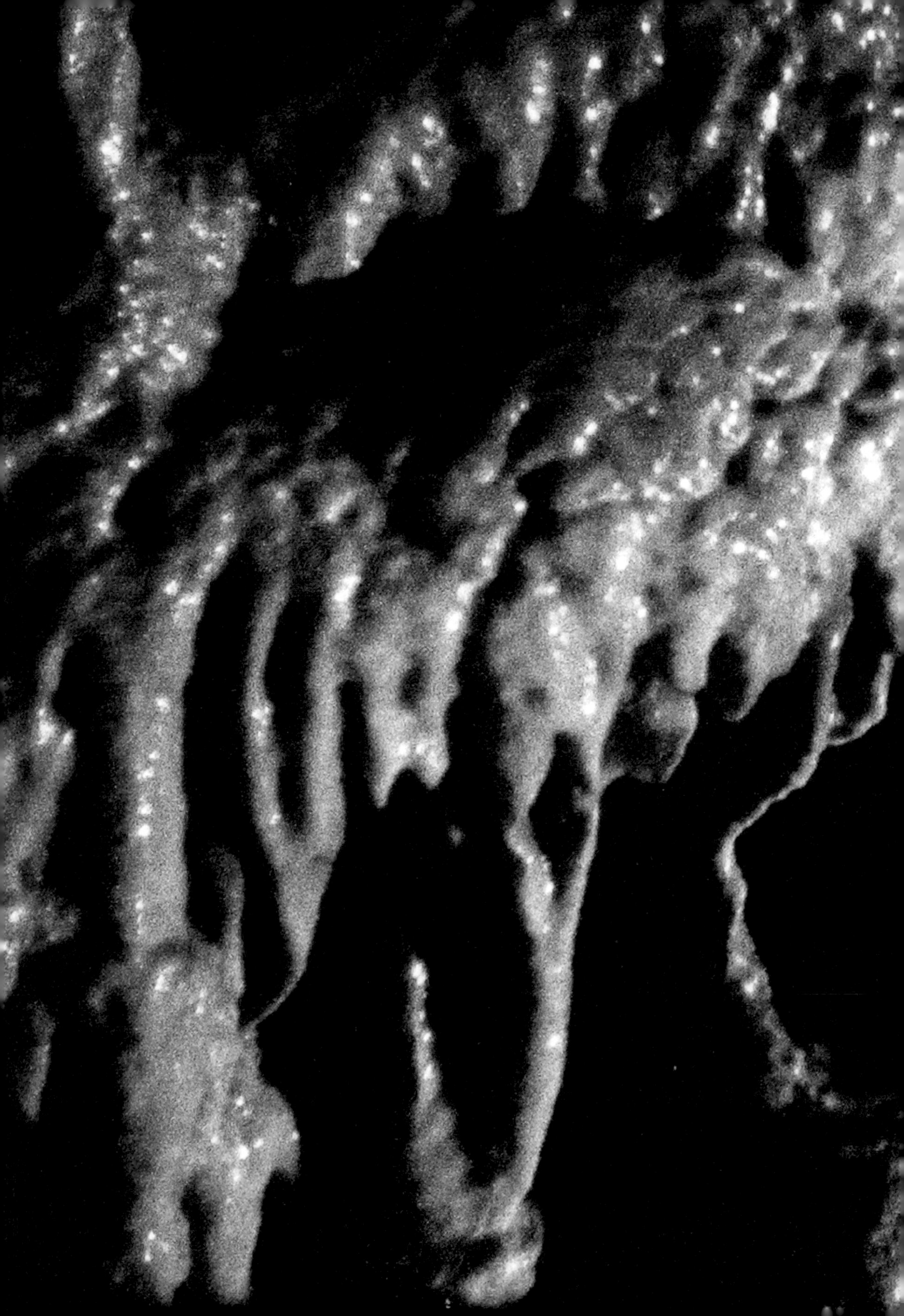

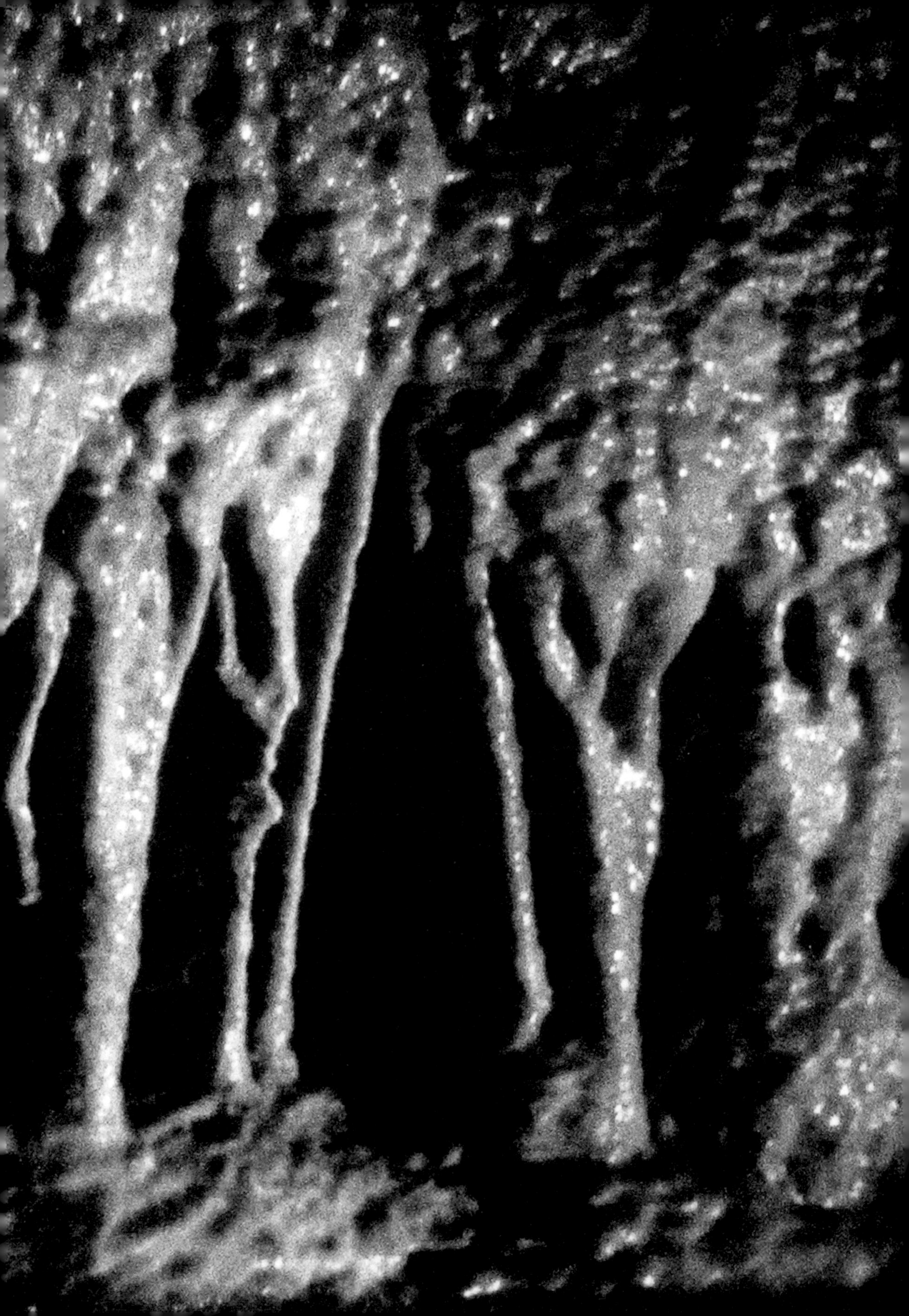

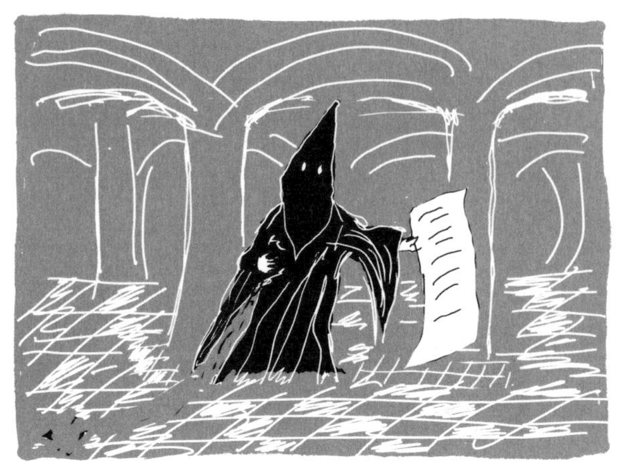

le cadre s'ouvre. On est
dans un espace sous-terrain
de torture.

"ELLE A FAIT SA PEINE
EN PRISON, PENDANT LA-
QUELLE ELLA VÉCUT DE
FAÇON SI DEBAUCHÉE
QUE LES JUGES SE
PLAIGNIRENT À LA COUR..."

"LA COUR A MÊME
APPRIS QU'ELLE S'EST
MISE À MACHER DE LA
COCA À NOUVEAU.'

CUT TO :

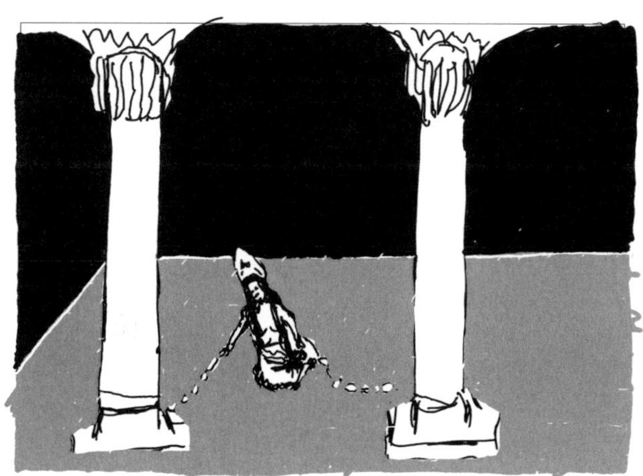

Vêtue avec la tunique de San Benito qui marque les hérétiques, Killa se retrouve attachée à deux colonnes gréco-romaines. Sa tunique a été violemment déchirée, afin de laisser exposés ses seins et l'humilier publiquement.

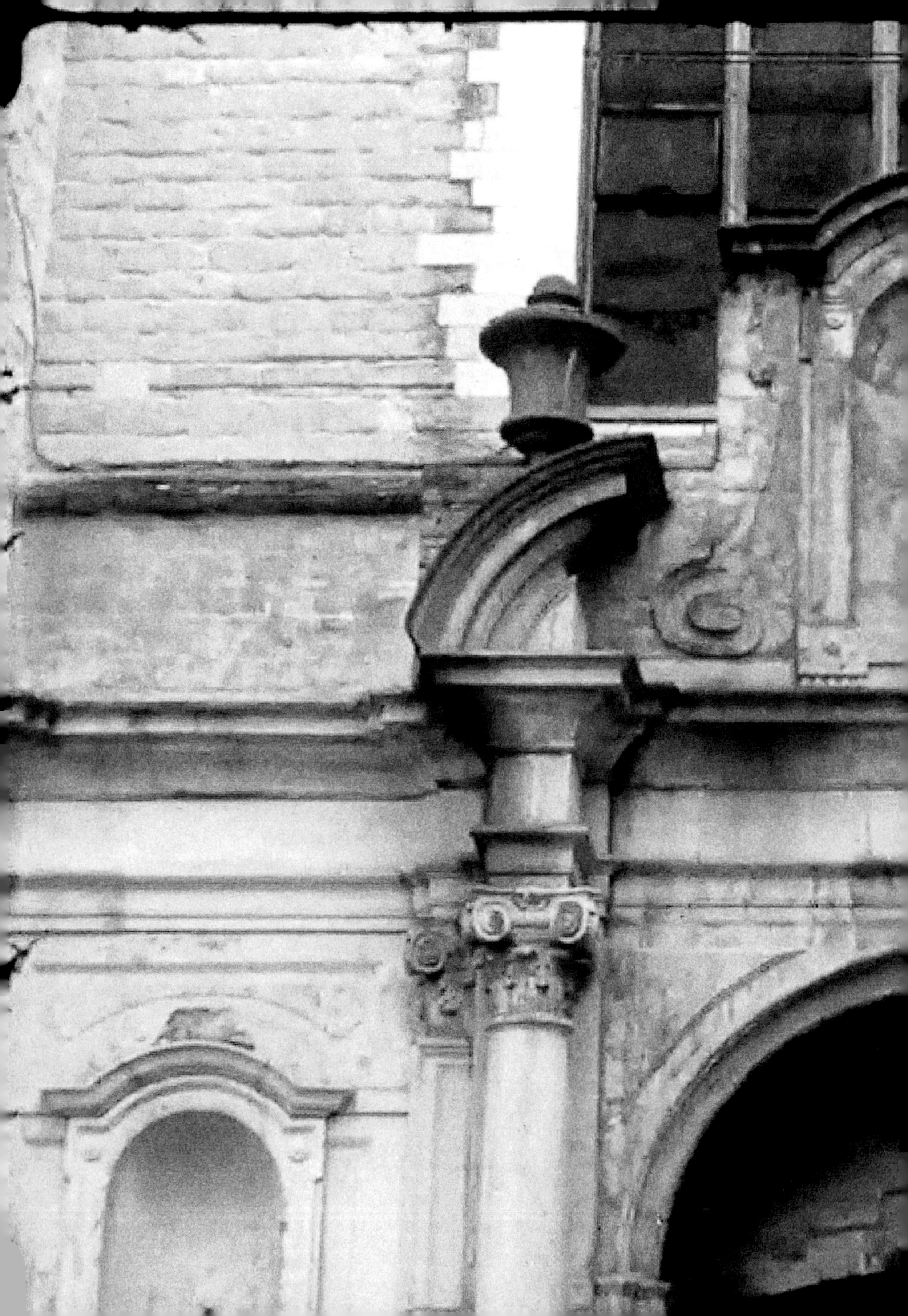

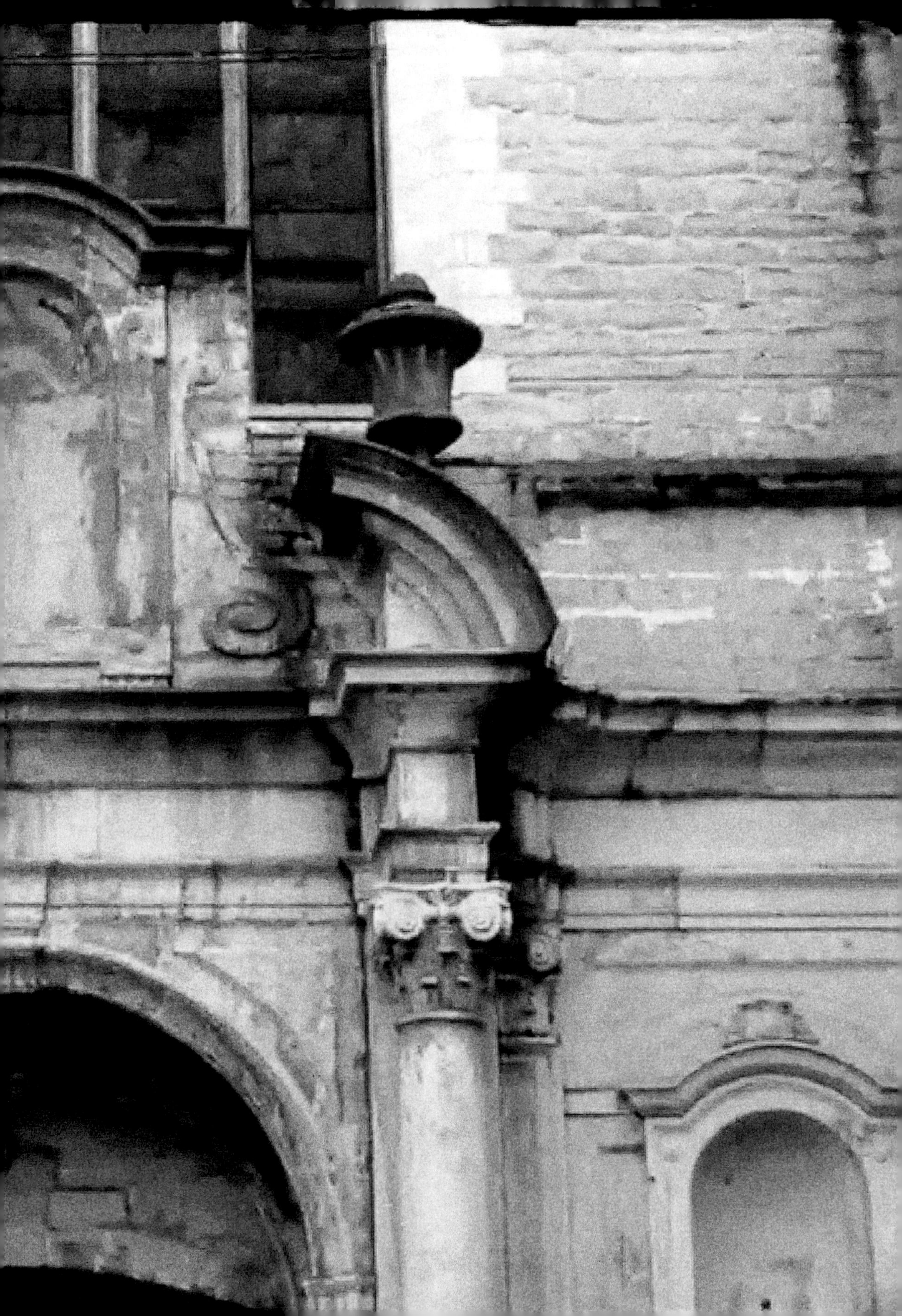

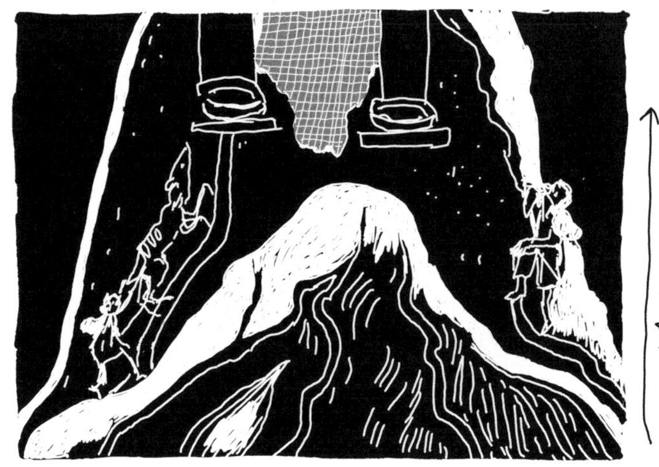

Document en négatif : Felipe Guaman Poma de Ayala, Plus Ultra, el ynga : "Sos el soporte de las columnas" c. 1590. Pano vers le haut, se révèle peu le haut de l'image

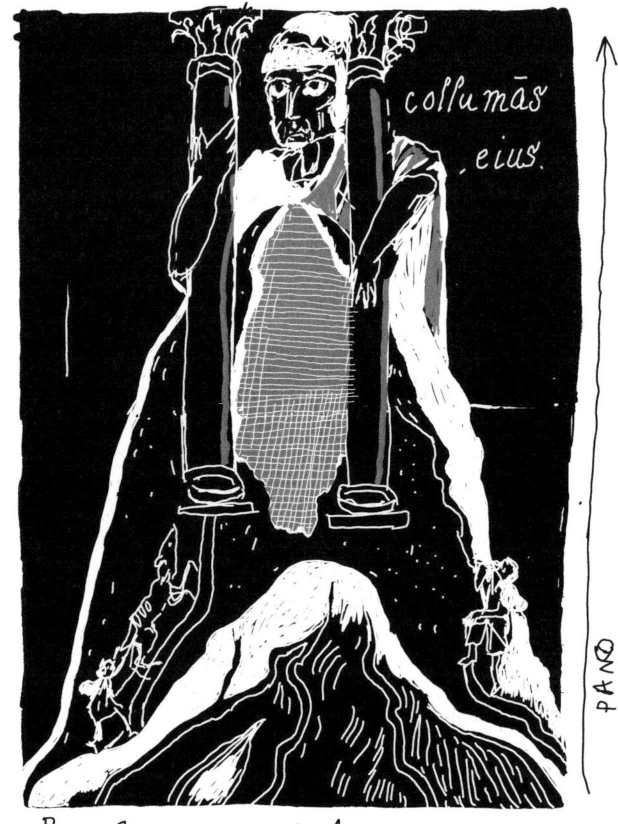

BO ? → Feu / field recording mine

I am the support for your columns

COYA, FEMME DE L'ÉLITE INCA, SOUTIENT DEUX COLONNES GRÉCO-ROMAINES, SUR LA MONTAGNE DE POTOSÍ.

Non plus ultra

=

"nothing further beyond" (the Roman Empire)

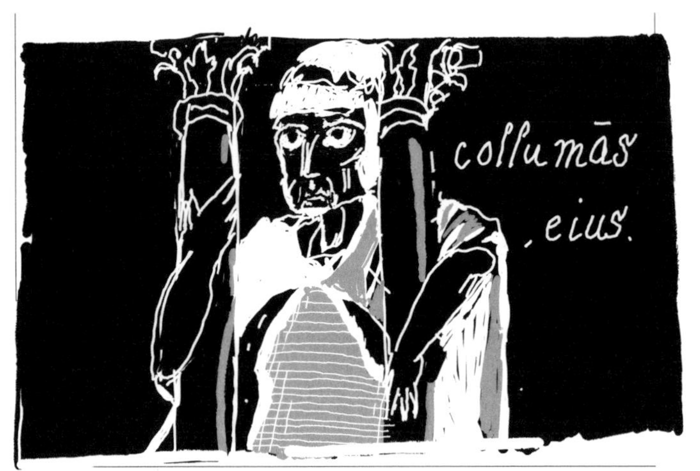

GP: COYA- VISAGE

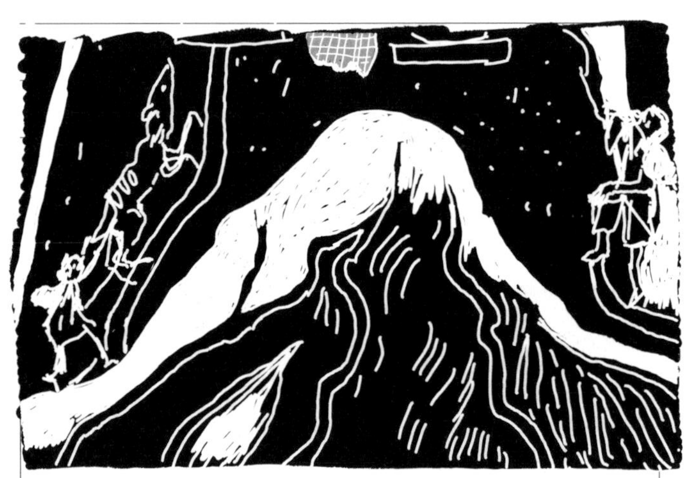

GP: MONTAGNE DE POTÓSÍ.

CUT TO:

plus ultra:

the "New World"

plus ultra:

Cerro Rico de Potosí

plus ultra:

the largest silver mine known to humankind

NOW I WALK SHE SAYS

THOUGH NOBODY CAN HEAR HER

QUEEN OF NO ONE

SHE OWNS THE PLACE

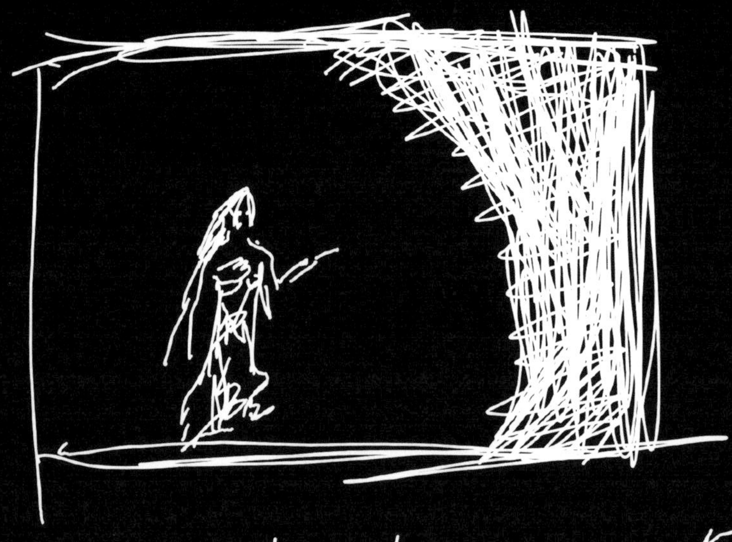

Reenactment movements
cabinet Caligari

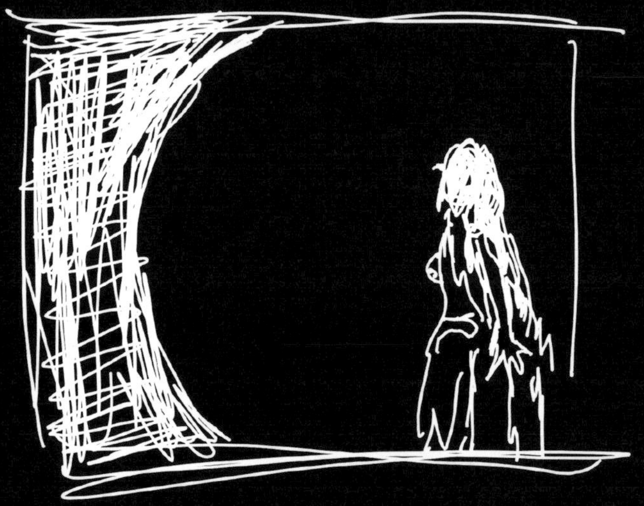

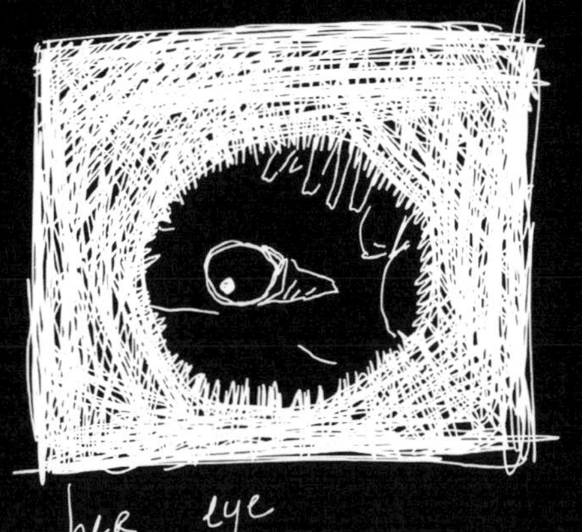

her eye
en el suelo
But she can't find it

ama dilleda ?

TO

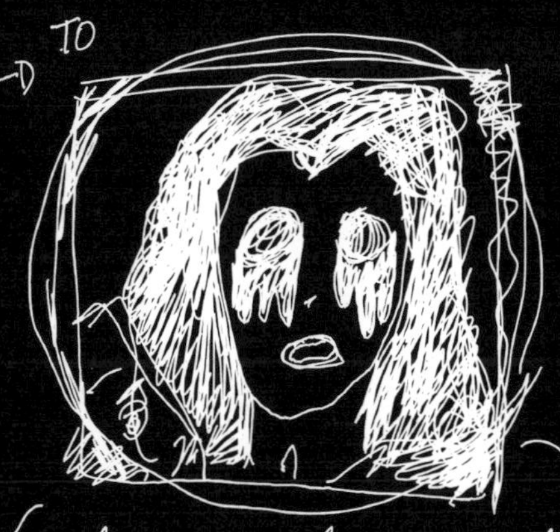

elle enlève le masque et
a exactement la m
expression. mais sans
regard

Je tiens?

" Je suis l'associé
du diable "

CUT TO:

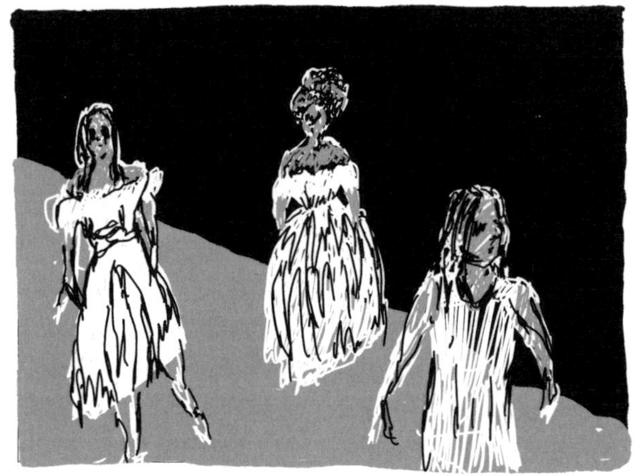

SURIMPRESSION: 3 femmes dévalent la montagne. Mouvements lents mais assurés. Elles s'avancent vers nous, sans regarder la caméra. Elles se retournent de temps en temps, comme craignant être suivies.

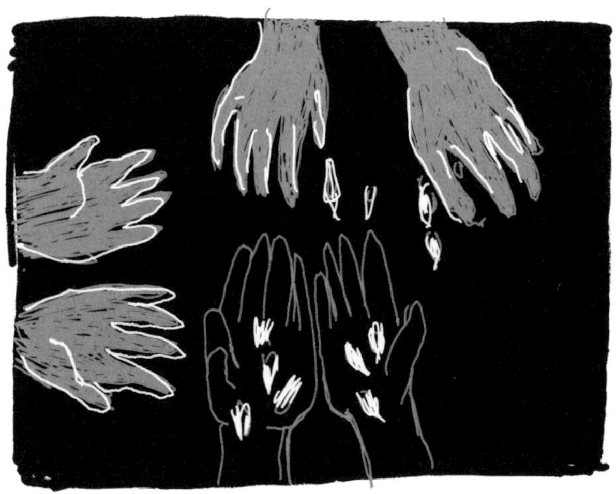

ELLES PARTAGENT ENTRE ELLES LES FEUILLES DE LA COLA (leurs mains apparaissent en transparence).

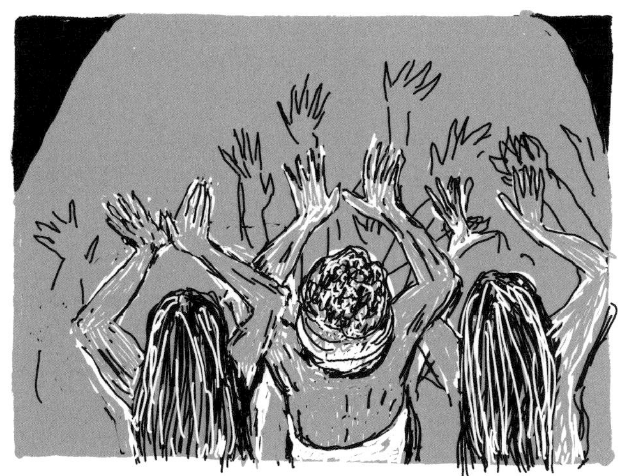

SURIMPRESSION :

Devant la montagne, elles se livrent à un rituel d'offrande, de la coca, à la mère. On voit plusieurs bras et mains, comme si elle se démultipliait.

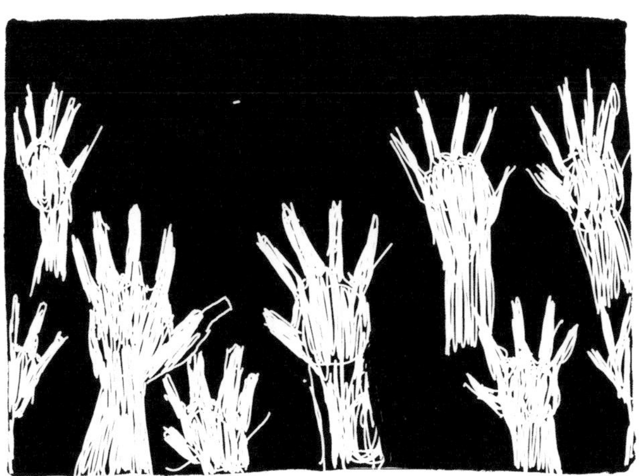

Surimpression : plusieurs mains des femmes-fantômes s'impriment dans le cadre

DURCH DIE DUNKELHEIT INS LICHT DER KOKA

Sara Garzón

Auf einer Illustration des andischen Chronisten und Intellektuellen Felipe Guaman Poma de Ayala mit der Aufschrift »Ich trage eure Säulen« für Martín de Murúas berühmtes Manuskript *Historia del origen y genealogía real de los reyes Incas del Perú* (1590) sehen wir die Figur einer Frau aus der Inka-Elite namens Coya zwei Säulen halten (Abb. 1). Die Säulen existierten nicht physisch, sondern symbolisierten die Grenze, die zwei Felsenberge an den Rändern der Straße von Gibraltar bilden. Im antiken Mittelmeerraum markierte diese natürliche und symbolische Grenze den Einflussbereich des Römischen Reichs und der Katholischen Kirche. Auch als Säulen des Herkules bezeichnet, trugen die Säulen der Legende nach die lateinische Aufschrift *Non Plus Ultra* (»nicht darüber hinaus«) und zeigten somit das Ende der Welt an – oder zumindest das, was die Menschen in Europa damals als äußersten Rand der ihnen bekannten Welt betrachteten.

In der Illustration von Guaman Poma de Ayala sehen wir die Säulen allerdings nicht in Gibraltar, sondern in Bolivien. Sie werden von Coya gehalten, die zwischen den beiden Säulen über einen Berg hinausragt. Der Gipfel, der hinter ihr emporkommt, gehört allerdings nicht zu irgendeinem Berg. Vielmehr handelt es sich um eine bildliche Darstellung der berühmten Silbermine von Potosí, die in der Region als Cerro Rico bekannt ist. Die Illustration ist aus zwei Gründen bemerkenswert: Zum einen, weil der geografische Standort der ikonischen Herkulessäulen an einen völlig anderen Ort verlegt, und zum anderen, weil die klassische Devise in der Zeichnung geändert wurde. Im Unterschied zu vorherigen Verwendungen steht hier im oberen Teil des Blattes lediglich *Plus Ultra*. Der Wechsel von *Non Plus Ultra* zu *Plus Ultra* zeigte an, dass die »bekannte Welt« nicht an der Straße von Gibraltar endete, sondern sich bis in die Amerikas erstreckte.

Obwohl mit einem Land »in weiter Ferne« in der Regel die Neue Welt gemeint war, bezog sich das mit der Illustration von 1590 angesprochene Gebiet nicht auf einen riesigen Kontinent. Stattdessen stellte Guaman Poma de Ayala die Amerikas mit Hilfe eines einzelnen Bergs dar. Da in diesem Berg im 16. Jahrhundert jedoch die bis dahin größte Silbermine der Menschheit entstand, nimmt der drastische ikonografische Wandel in der Darstellung beinahe obszöne Züge an. Im Gegensatz zu gängigen Interpretationen dieses Bilds möchte ich die Frage aufwerfen, ob die den Berg als Verweis auf »einen Ort in weiter Ferne« überragenden Säulen anstelle eines Orts jenseits des Horizonts nicht vielmehr einen Ort tief unten, unterhalb der Erdoberfläche repräsentieren. Der Berg,

PASSING THROUGH THE DARKNESS IN THE LIGHT OF THE COCA

Sara Garzón

In an illustration by Andean scribe and intellectual Felipe Guaman Poma de Ayala, inscribed "I Am the Support for Your Columns," for Martín de Murúa's famous manuscript *Historia del origen y genealogía real de los reyes Incas del Perú* (1590), we see the figure of an elite Inca woman known as Coya holding two columns (fig. 1). The columns did not physically exist but symbolized the frontier created by the promontory in the Strait of Gibraltar. In the ancient Mediterranean, this natural and symbolic border delineated the limits of the Catholic Roman Empire. Known also as the Pillars of Hercules, the columns were said to bear the Latin motto *Non Plus Ultra,* which translates to "nothing further beyond." In that context, they demarcated the end of the world, or at least what Europeans thought was the edge of the known world.

In Guaman Poma de Ayala's illustration, however, we see the columns not in Gibraltar, but in Bolivia, and held by Coya, who appears to emerge in between them from behind a mountain. The mountain below Coya is, however, not just any peak; it is a representation of the famous Potosí silver mine locally known as Cerro Rico. The illustration is fascinating for two reasons: it depicts a radical change in the geographic location of the iconic Herculean columns and completely transforms the classical motto. Unlike in previous uses of the phrase, the motto at the top of the page reads simply *Plus Ultra*. The change from *Non Plus Ultra* to *Plus Ultra* reflected the fact that the "known world" did not end in the Strait of Gibraltar, but extended to the Americas.

While typically this idea of the land "further beyond" entailed the New World, the territory indicated by this 1590s illustration did not refer to a vast continent. Instead, it reduced the Americas to a single mountain. Since the mountain became the largest silver mine known to humankind in the sixteenth century, the drastic iconographic change in the representation of the columns turned this symbol into something more scatological. Unlike normative interpretations of the image, I would like to speculate that the columns superimposed over the mountain as if indicating a "far beyond" did not represent a place beyond the horizon, but a site below that extends underground. The mountain, which according to Andean testimonies was believed to be a shrine, became suggestive of the myriad possibilities offered by the earth's interior. I would like to argue that it is of the possibility of an empire, one founded on the riches provided by the mine's geological interior.

den die Menschen in der Andenregion laut Überlieferung als Schrein betrachteten, steht für die unzähligen Möglichkeiten, die das Innere der Erde bot. Er symbolisiert also, so mein Argument, die Möglichkeit eines Imperiums, das auf den Reichtümern aufbaute, die in den geologischen Formationen der Mine schlummerten.

In der Tat sollte Cerro Rico den Lauf der Welt für immer verändern. Das Vorkommen wurde zuerst 1545 von Diego de Gualpa »entdeckt«, der für die Spanier im Silberbergbau arbeitete und eigentlich auf der Suche nach einem Inka-Schrein war.[1] Nachdem riesige Mengen an Silbererz ausgemacht wurden, verschob sich der wirtschaftliche Fokus der Region. Die Aufkommen, die in der Mine abgebaut wurden, sollten einen wesentlichen Einfluss auf die Ausdehnung des Römischen Reichs und sogar auf den Eintritt Chinas in den Weltmarkt mit der Herstellung von Silbermünzen haben.[2] Das Vorkommen war derart umfangreich, dass große Anwesen um den Berg herum errichtet wurden und sich Potosí im 16. Jahrhundert zu einer luxuriösen Stadt entwickelte.[3]

Abb. / Fig. 1 Felipe Guaman Poma de Ayala in:
Martín de Murúa, *Historia del origen y geneología real de los reyes Incas del Pirú* [Geschichte der Herkunft und der königlichen Genealogie der Inka-Könige der Pyru / History of the Origin and Royal Genealogy of the Inca Kings of the Pyru], ca. 1590, Sammlung / Collection of Seán Galvin

Ein weiterer bekannter Kupferstich von 1750 mit dem Titel *A Section of a Silver Mine in Potosí, and the Manner of Working It* (Abb. 2) zeigt die Mine und die dort tätigen Bergleute. Der von einem unbekannten Künstler für das *Universal Magazine of Knowledge and Pleasure* angefertigte Druck gibt durch eine große Öffnung den Blick in das Innere des Bergs frei. In der Dunkelheit des Bergwerks schlagen die Arbeiter im trüben Kerzenlicht ihre Spitzhacken in das Gestein. Im Stil der Renaissance zeigt der Kupferstich die Minenarbeiter in ätherischer Leiblichkeit, mit einfach gezeichneten und masselosen nackten Körpern und kahlen Köpfen, wie sie emsig mit ihren Hacken vor sich hinarbeiten. Das Bild von Arbeitern als Archetypen stimmt mit Darstellungen indigener Menschen überein, wie sie beispielsweise in den illustrierten Briefen von Christoph Kolumbus zu sehen sind, darunter der Holzschnitt aus Basel von 1494 mit dem Titel *Die Inseln im indischen Meer*. Hieran anschließend würde der Berg auf dem Kupferstich von 1750, der einst für die »bekannte Welt« stand, die Dunkelheit des Bergwerks repräsentieren.

Während häufig darauf verwiesen wird, dass die Geschichte von Cerro Rico zur Globalisierung des Handelskapitalismus beigetragen hat, wird nur selten erzählt, dass auch der Handel mit Kokablättern durch den Silberabbau in der Mine angekurbelt wurde. Die gängige Darstellung enthält keinerlei Hinweise auf den zunehmenden Kokakonsum und -handel, die einen wesentlichen Anteil am wirtschaftlichen und spirituellen Wohlstand

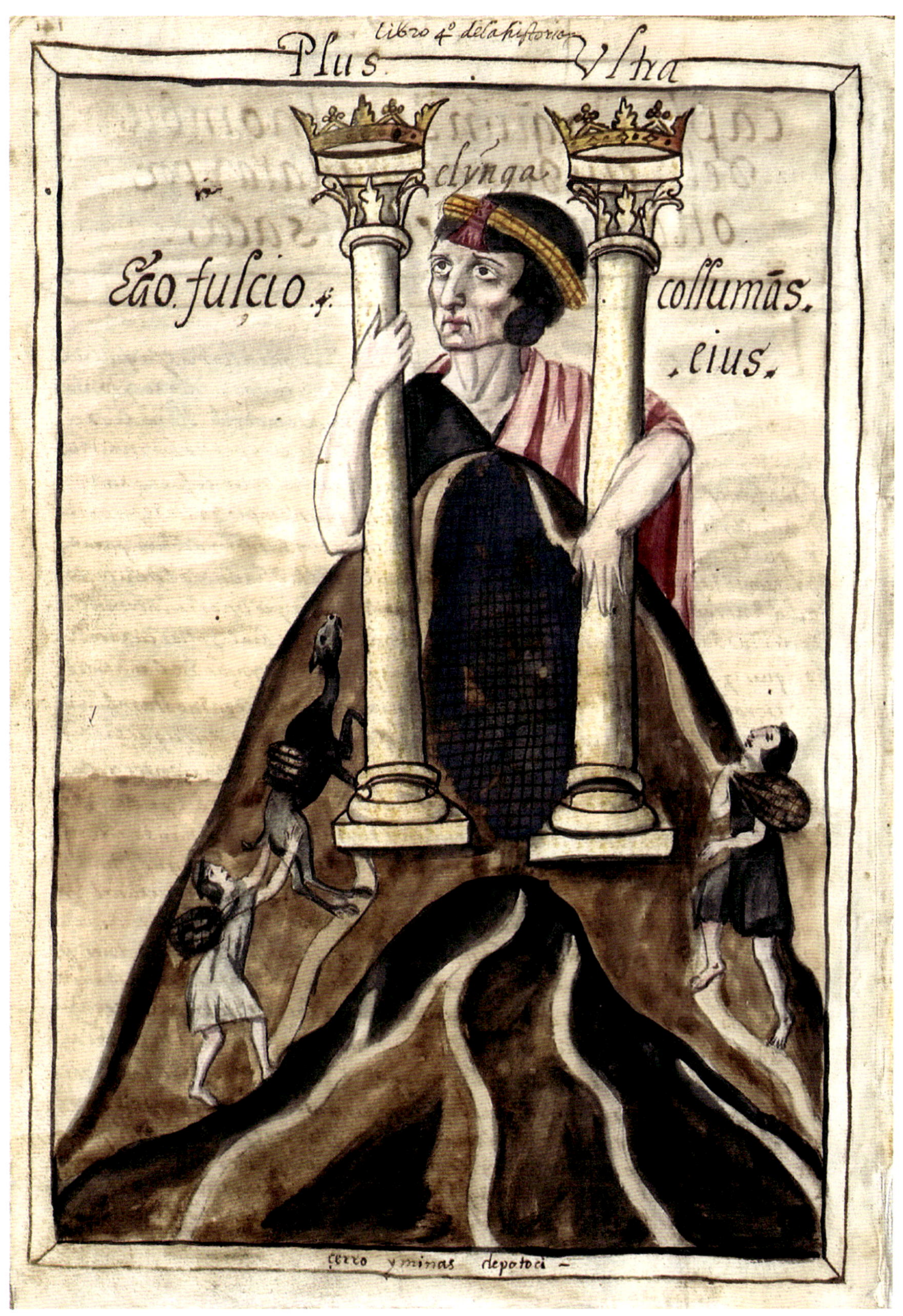
libro 4º delahistoria
Plus Vltra
el ynga
Ego. fulcio
collumnas.
.eius.
çerro y minas depotoçi

der Einheimischen und insbesondere indigener Frauen hatten. Im Unterschied zum Silberabbau wurden diese Geschäfte ausschließlich von indigenen Frauen durchgeführt, die Koka für unterschiedliche Verwendungen an die Bergleute verkauften.[4] Auch wenn nur wenige Untersuchungen zu den Zusammenhängen zwischen Kokakonsum und Bergbau existieren, bietet uns ihre gemeinsame Geschichte einen Rahmen, um über die Ursprünge des modernen kolonialen Weltsystems nachzudenken. Auf den ersten Blick scheint es keinerlei Zusammenhang zwischen dem Wert der Pflanze und dem Wert des Erzes zu geben. Und doch waren beide gleich wichtig für die Entwicklung des modernen Individuums und damit auch für die Entwicklung des modernen Blicks.

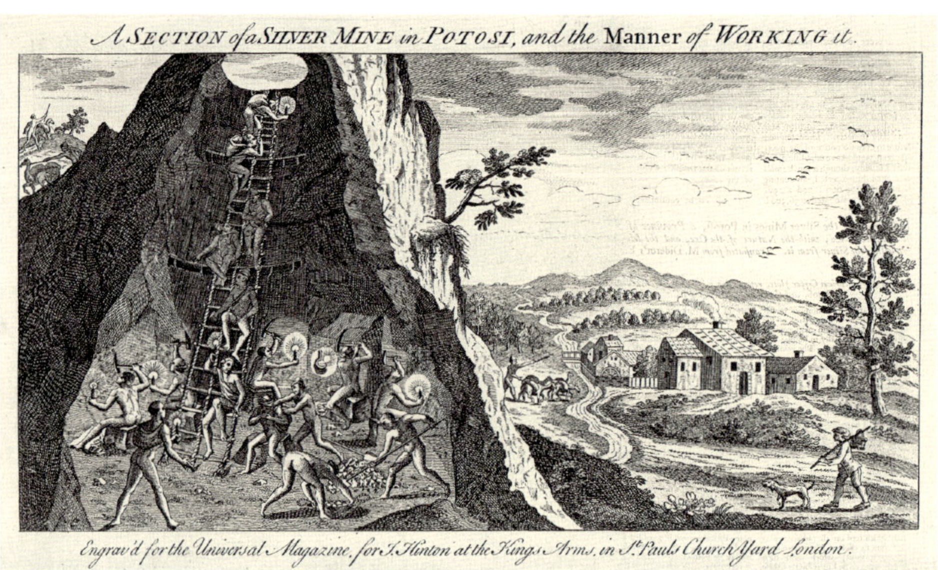

Dieser Gedanke einer durch die Devise *Plus Ultra* geprägten und mit der Mine verbundenen Welt wirft ein Paradox auf. Der Berg lockte mit seinem glänzenden Silber, das in der bildlichen Darstellung für Licht, Wissen und Wohlstand steht. All dies geht aus den dunklen Tiefen des Berges hervor. Das Silber eröffnete den Weg »in die weite Ferne« und bot mit seiner glänzenden Oberfläche gleichzeitig ein Sinnbild für die Möglichkeit einer wirtschaftlichen und militärischen Expansion. Doch während die Minen aufgrund der toxische Stoffe freisetzenden Abbauverfahren eins mit der Dunkelheit wurden, brachte die Kokapflanze Energie, Licht und eine Verbindung zu den Welten der Vorfahren der Menschen aus der Andenregion, auch wenn diese Geschichte immer andersherum erzählt wird.

Reduziert auf ein gefährliches Aufputschmittel, wurde Koka zu einer Ware – ein bösartiges pflanzliches Wesen mit Kräften, die es zu unterdrücken und bezwingen galt. Die Kolonialverwaltung betrachtete Koka als Suchtmittel und verurteilte das Kauen der Blätter als widerlichen Brauch, der die koloniale Gesellschaft verdarb.[5] Sie sahen in der

Cerro Rico would in fact forever change the world. The mine was first "discovered" in 1545 by Diego de Gualpa, a Quechua silver miner who worked for the Spaniards and was initially searching for an Inca shrine.[1] After significant amounts of silver ore were identified, the economic focus of the region shifted. The holdings that were extracted from the mine would be responsible for the expansion of the Catholic Roman Empire and even for encouraging China to enter the global market with the production of silver coins.[2] The mine was so bountiful that grand villas were constructed around the mountain, turning Potosí into a luxurious city in the sixteenth century.[3]

Another famous engraving from 1750, titled *A Section of a Silver Mine in Potosí, and the Manner of Working It* (fig. 2), represents the mine and its miners. Made by an unknown artist for the *Universal Magazine of Knowledge and Pleasure*, the print shows the mountain wide open. Underground, the black hole is navigated using dim candle lamps to illuminate the path in front of their picks. Depicted in the style of the Renaissance,

Abb. / Fig. 2 Unbekannt / Anonymous
A Section of a Silver Mine in Potosí, and the Manner of Working It
[Ein Abschnitt einer Silbermine in Potosí und die dortige Arbeitsweise], ca. 1750
Kupferstich / engraving
London, Wellcome Collection

the engraving represents the miners in an ethereal corporality; undifferentiated and massless bodies, naked and bold, are seen busy at work with their picks and lamps. The workers as archetypes are consistent with representations of Indigenous peoples that appear, for instance, in Christopher Columbus's illustrated letters, such as the woodcut print made in Basel in 1494 titled *Islands of the Indian Sea*. Following these visual representations, the mountain that once signified the "known world" would, according to this 1750 print, represent the obscurity of the mine.

While the history of Cerro Rico has been widely told for having enabled the globalization of mercantile capitalism, a story rarely circulated about the mine is that the extraction of silver corresponded to the expansion of trade in coca leaves. Silenced from this representation is the growth and exchange of coca, which was central to the economic and spiritual prosperity of locals, especially Indigenous women. The commercial enterprise, unlike that of silver mining, was handled exclusively by Indigenous women, who would sell them to miners for various uses.[4] The entwinement of coca and mining has rarely been traced, and yet their shared history presents us with a frame through which to think about the lineages of the modern colonial world system. At first glance the value of the plant and the value of the ore seem unrelated. Yet both have been equally important in the evolution of the modern subject and by default in the development of the modern gaze.

Koka etwas »Gottloses« und brachten ihren Konsum wegen seiner Bedeutung in indigenen Ritualen mit dem Teufel in Verbindung. Außerdem befürchteten die Kolonialbehörden, dass die symbolische Bedeutung der Kokapflanze und ihre Verbindungen zu den Inkas der Autorität der Europäer:innen schaden könnte, woraufhin sich hohe Vertreter der Kirche für ein vollständiges Verbot des Kokakonsums einsetzten. Doch der Kokahandel dauerte trotz dieser Bemühungen weiter an, was auch auf seinen erheblichen wirtschaftlichen Nutzen zurückzuführen war. Ein Großteil der damit verbundenen Einnahmen kam aus den Minen von Potosí, wo die Koka sehr geschätzt und von den Bergleuten häufig als eine Art Währung eingesetzt wurde. Ungeachtet ihres finanziellen Werts und ihrer kontroversen Wahrnehmung übernahm sie weiterhin eine spirituelle und kosmologische Rolle. Koka leistete somit einen wesentlichen Beitrag zur Erschließung anderer Wissenssysteme.[6] Mit dem Kampf gegen die Koka ging dementsprechend auch der Kampf gegen die andine Kosmologie und die kulturellen Bräuche und spirituellen Überzeugungen der Menschen in der Region einher. Der Konsum der Koka, die Reisen in andere Bewusstseinswelten ermöglichte, wurde kontrolliert, um die Menschen in der Andenregion daran zu hindern, ihre Vorstellung von der »bekannten Welt« zu erweitern.

In meinen Augen ist diese Dualität zwischen dem Versprechen von Licht und Wohlstand und der von Dunkelheit und Angst geprägten Realität, die in der materiellen Kultur der Kolonialzeit zum Ausdruck kommt, eine beständige visuelle Trope. Sie bildet einen Rahmen, der viele unserer Vorstellungen von den Kulturen, Kosmologien und Menschen in der Andenregion geprägt hat. Wie bereits festgestellt und ungeachtet der Beliebtheit der Koka wegen ihrer medizinischen, spirituellen und stimulierenden Wirkung, ging es in der Geschichte dieser Pflanze mit der wissenschaftlichen Bezeichnung *Erythroxylum coca* von Anfang an um die Kriminalisierung eines pflanzlichen Lebewesens – insbesondere nachdem eines ihrer Extrakte in Europa industriell verarbeitet wurde, um das berüchtigte Narkotikum Kokain herzustellen. In meinem Aufsatz möchte ich allerdings auf derartige Standardaussagen über die Kokapflanze verzichten. Zahlreiche Studien haben bereits auf ihren Wert und auf die mit ihrer Bekämpfung und ihrem Verbot verbundenen Nachteile verwiesen. Stattdessen möchte ich auf die Mechanismen des Sehens und die Konstruktion eines modern-kolonialen Blicks eingehen, der unsere Sichtweisen anhand der Vorstellung von Licht und Dunkelheit geprägt hat. Dieser Aufsatz wirft deshalb folgende Frage auf: Was sehen wir, wenn visuelle Mechanismen die Welt auf ein Bild reduzieren? Wie können wir die Kamera einsetzen, um Spielarten der Dunkelheit entgegenzuwirken und zu brechen, die sich in die Archive und in unseren kollektiven Blick eingebrannt haben? Was bedeutet es für uns, unseren Blickwinkel zu ändern, und was hat die Materialität des Bildes damit zu tun?

This idea of a known world encapsulated by the phrase *Plus Ultra* and associated with the mine is paradoxical. The mountain held the possibility of shiny silver, which in this illustration represents light, knowledge, and wealth. All of these emerge from the mountain's darkness. While giving way to the "further beyond," silver created reflective surfaces emblematic of the possibility of economic and military expansion. And yet, while the mines offered darkness through its intoxicating processes of extraction, coca provided energy, light, and connection to the ancestral worlds of the Andean population, although this story is always told in reverse.

Reduced to a dangerous stimulant, coca would turn into a commodity, one to be reckoned with as an evil vegetal being with powers that needed to be quelled and suppressed. Colonial authorities viewed it as an addictive substance and condemned chewing it as a repugnant habit that corrupted colonial society.[5] They labeled coca as "ungodly" and linked its usage with the devil because of its significance in Indigenous rituals. Additionally, colonial authorities feared that coca's symbolism and ties to the Incas could challenge European authority, prompting prominent church figures to advocate a complete prohibition of coca use. Despite these efforts, the coca trade persisted, partly due to significant economic benefits. Most of this revenue came from the mines of Potosí, where coca was highly valued and frequently used as a form of currency by miners. Despite its financial value and controversial perception, coca did continue to hold spiritual and cosmological roles. Coca was powerful in illuminating other systems of knowledge.[6] In fact, with the persecution of coca came the persecution of Andean cosmology, people's cultural uses, and spiritual beliefs. Coca, a conduit for traveling between different dimensions of consciousness, was controlled to prevent Andeans' intent of crossing beyond their understanding of the "known world."

I read this duality between the promise of light and wealth and the reality of obscurity and fear suggested in the material culture of the colonial period to be a consistent trope of vision. It is a frame that has conditioned many of our ways of understanding Andean cultures, cosmologies, and its peoples. As established above, and despite its popular use across medicinal, spiritual, and stimulating aims, the story of coca, scientifically referred to as *Erythroxylum coca*, has from the outset been one about the criminalization of a vegetable being – especially after one of its extracts became industrially processed in Europe to produce the infamous narcotic cocaine. This essay, however, will not explore such mainstream accounts of coca plants. Countless studies have already delineated its value and the detrimental effects of combatting and banning it. These pages, instead, are about the mechanism of vision, and the construction of a modern colonial gaze that has conditioned our ways of seeing through the perception of light and

Die Filmemacherin Laura Huertas Millán hat sich in ihrer künstlerischen Laufbahn oft mit diesen Fragen auseinandergesetzt. Einige der Ergebnisse sind in ihrer Ausstellung anlässlich ihrer Auszeichnung mit dem *After Nature . Ulrike Crespo Photography Prize* 2024 zu sehen. In ihrer neuen Arbeit erkundet Huertas Millán die Verknüpfung zwischen Bergbau und der Kokapflanze. Zu diesem Zweck hat sie einen Ansatz der Gegen-Visualität entwickelt, um über die Personen nachzudenken, die an der Kommerzialisierung der Koka beteiligt waren. Obwohl die Künstlerin ein umfangreiches Werk zum Thema Koka geschaffen hat, ist sie meines Erachtens auch daran interessiert, Mechanismen der Wahrnehmung zu dekonstruieren. Ihre Filme und die zum Einsatz kommenden Technologien lassen sich nicht von der Absicht trennen, mit Hilfe alternativer Verfahren das ganze Ausmaß dessen zu erfassen, was die »bekannte Welt« wirklich ausmacht. Dies gilt vor allem dann, wenn wir uns mit diesen Mechanismen im Rahmen kollektiver Seherfahrungen auseinandersetzen, wie sie beispielsweise von internationalen Ausstellungen geboten werden. Derartige Mechanismen wurden in den Vorstellungssystemen der modern-kolonialen Weltordnung als Waffe missbraucht, um den Glauben an das, was John Law als »Eine-Welt-Welt«[7] bezeichnete universell erscheinen zu lassen. Dies entspricht der Überzeugung, dass es keine Welt außerhalb der Moderne oder des Kolonialismus gibt, keine anderen Formen der Wissensproduktion, keine Alternativen zur Kenntnis einer Welt, die nur eine und nicht viele ist. Da die Koka nicht nur ein Objekt für Studien oder zur Beobachtung von Phänomenen ist, sondern eine Verbindung in eine pluriversale Realität der Welten innerhalb von Welten herstellt, muss betont werden, dass die Ausstellung nicht nur eine Präsentation von Filmen ist, sondern auch darauf abzielt, eine Form der »Gegen-Visualität« zu erkunden. Dieses Konzept wurde von Nicholas Mirzoeff entwickelt und bezieht sich auf eine widerständige Art des Sehens, die uns dazu auffordert, verinnerlichte Muster zu verlernen – zur Dekonstruktion eines Blicks und einer Art, betrachtet zu werden.[8] Ein solches Sehen stellt koloniale Befindlichkeiten in Frage, weil es auf einer Visualität beruht, die in die Spannung zwischen Sichtbarkeit und Unsichtbarkeit eingeschrieben ist, oder kurz gesagt: in den Übergang zwischen Licht und Dunkelheit.

Obwohl die Bezüge zwischen Koka und Bergbau noch immer lose erscheinen, besteht doch eine materielle Verbindung durch die zur Anwendung kommenden Filmtechnologien, die den Blick der Künstlerin auf die Koka ermöglichen. Der Bergbau hat die Praxis des Filmemachens mit Kameras und Silberplatten erst hervorgebracht. Vor diesem Hintergrund trägt der Rückgriff auf alternative Methoden des Storytellings dazu bei, die Geschichte in diesem Bereich neu zu schreiben. Wir verweisen zwar nicht länger auf die Wirtschaftsmächte, deren Reichtum auf dem Silber und den Erzen beruhte, die im 16. Jahrhundert in den Minen ab-

darkness. This is why this article asks: what do images allow us to see when visual mechanisms reduce the world to a picture? How can we use the camera to subvert and counter modes of darkness that have been written into the archive and our collective gaze? What does it mean for us to see differently, and what does the materiality of the image have to do with this intent?

Filmmaker Laura Huertas Millán has dedicated a great portion of her artistic career to investigating these questions, some of which culminate in her exhibition on the occasion of her receiving the 2024 *After Nature . Ulrike Crespo Photography Prize*. In her new work, Huertas Millán explores the connection between mining and coca plants, establishing a countervisual approach to revisit a speculative view of the women involved in the commercialization of coca. Notwithstanding the fact that the artist has created a considerable body of work on the topic of coca, I see her also interested in deconstructing systems of perception. Her films and their technologies cannot be divorced from the intent to deploy alternative mechanisms for understanding the vastness of what really constitutes the "known world," especially as we grapple with these mechanisms in the context of collective viewing experiences such as those afforded by international exhibitions – mechanisms that the modern colonial world system's regimes of vision have weaponized to render seemingly universal the belief in what John Law called the "one-world world."[7] This is the belief that there is no outside to modernity or to coloniality, no other forms of knowledge production, no alternatives to knowing the world, which is only one and not many. Since coca is not a simple object of study or phenomena, but a conduit to a pluriversal reality of worlds within worlds, it is important to acknowledge that the exhibition is not simply an installation of films, but a mechanism to probe a form of "countervisuality." This is a concept developed by Nicholas Mirzoeff that refers to a contestatory way of seeing that invites us to unsee, to deconstruct a look and a way of being viewed.[8] It is a way of looking that challenges colonial sensibility as it is based on a visuality inscribed in the tension between the visible and the invisible, or in short, in the threshold that lies in between light and darkness.

While the connection between coca and mining continues to seem loose, the two are in fact further connected materially through the filming technologies that enable the view of coca presented by the artist. The pivot to alternative methodologies of storytelling subverts the histories of extraction that gave rise to the practice of filmmaking using cameras and silver plates. While we are no longer making reference to the economic empires that benefited from the silver and other ores that were taken from the mines in the sixteenth century,

gebaut wurden. Doch der Wunsch, die materiellen und visuellen Bedingungen aufzudecken, die dem kolonialen Blick zugrunde liegen, hat bei der Künstlerin ein Umdenken in der Frage bewirkt, wie visuelle Vorstellungen und Narrative eingesetzt werden, um die Andersartigkeit einer »Rasse« und der Natur zu diskreditieren und zu dämonisieren. Die von der Künstlerin angebotene Gegen-Visualität ist eine Reaktion auf die Naturalisierung von Systemen der Gewalt, Unterdrückung und Unterwerfung, die im modern-kolonialen Weltsystem weit verbreitet und doch gleichzeitig kaum wahrnehmbar sind. Kaum wahrnehmbar, weil diese beiden Kontrollregime (modern und kolonial) mit den Mitteln der Illusion durch theatrale Effekte und dramatische multisensorische Inszenierungen unsichtbar gemacht werden. In diesem Sinne überinszeniert Huertas Millán in ihrer Arbeit die Mechanismen, die ein Gefühl von Realität vermitteln, wie etwa die Kamera und das fotografische Bild als solches.

Seit 2018 arbeitet Huertas Millán zum Begriff des *Pharmakons* – einem Stoff, der sowohl eine Droge als auch ein Heilmittel ist – und insbesondere zu Pharmakons wie der Kokapflanze mit ihrer nicht-menschlichen Subjektivität, die außerhalb der westlichen Welt kosmologische Bedeutung hat und gleichzeitig eine Rolle im Kampf um das Verbot psychotroper Substanzen spielt. In Filmen wie *El Laberinto* (2018), *Para la Coca* (2024) und *Curanderxs* (2024) kombiniert Huertas Millán die Perspektiven von Ethnografie, Ökologie, Fiktion und historischer Forschung, um zu problematisieren, wie schnell die Narrative über die Koka zwischen Beschreibungen als Gift und Heilmittel wechseln. Sie betrachtet entgegengesetzte Ideologien aus einer kritischen Distanz, insbesondere mit Hilfe der Kamera, die sie nicht nur als Dokumentationsmedium, sondern als Instrument der Sichtbarmachung nutzt. In ihrem Bestreben, Wissensformen und Praktiken der Vergangenheit zu bewahren, wie sie mit der Nutzung der Kokapflanze einhergehen, ermöglicht uns die Künstlerin mit der von ihr gestalteten Multikanal-Projektion, jene Tropen des Sehens kritisch zu hinterfragen, die zu einer Konstruktion des Realen beigetragen haben, wie sie von der im 16. Jahrhundert entwickelten Eine-Welt-Logik bestimmt und seither durch den Kolonialismus und seine Extraktionsverfahren geprägt wurde.

Der Weg in die mit unseren Sehgewohnheiten verknüpfte Dunkelheit führt bei Huertas Millán durch eine Reihe aktueller Arbeiten hin zu den Gegen-Narrativen über die Kokapflanze. Das Publikum betritt die Ausstellung durch einen grünen Vorhang. Die Farbe seines Stoffes ist jedoch nicht irgendein Grünton, sondern Scheele Grün – die Farbe von Kunstblumen und ein giftiger Farbstoff. Bei Farbexperimenten mit Arsensäure und Kupfersulfat entdeckte der Apotheker Carl Wilhelm Scheele 1775 zufällig diesen Farbstoff.[9] Das tödliche grüne Pulver wurde zum Einfärben künstlicher Blätter genutzt und galt auch nach Scheeles Tod 1778 weiterhin

the intent to reveal the material and visual conditions that enable a colonial gaze inspired the artist to rethink the ways in which vision and narrative are deployed to darken and demonize the racial and natural Other. The countervisuality proposed by the artist is a reaction to the naturalization of systems of violence, oppression, and subjugation that the modern colonial world system has rendered so ubiquitous and yet equally imperceptible due to the fact that these two regimes of control (modern and colonial) are illusionistically made invisible through theatrical effect and dramatic multisensorial staging. In that sense, Huertas Millán's works overstage the mechanisms that yield a sense of the real, such as the camera and the photographic image itself.

Since 2018, Huertas Millán has been working on the notion of *pharmakon*, an entity both a poison and a healer: in particular pharmakons such as the coca plant and its nonhuman subjectivity, which holds cosmological non-Western uses while playing a role in the war for psychotropic prohibition. In films such as *El Laberinto* (2018), *Para la Coca* (2024), and *Curanderxs* (2024), Huertas Millán juxtaposes ethnography, ecology, fiction, and historical inquiry in order to problematize the ways in which narratives about coca shift quickly between poison and cure. Contrasting ideologies are placed into critical perspective using the camera not simply as medium of documentation, but as a technology of vision. In an effort to rescue forms of knowledge and practices from the past, as those associated with coca plant usage, the multichannel exhibition helps us problematize the tropes of vision that have contributed to the construction of the real, as determined by the one-world logic that was established in the sixteenth century and since then has been determined by coloniality and its practices of extraction.

To enter the darkness associated with our ways of seeing, Huertas Millán takes visitors through a series of recent works to the counter-narratives of the coca plant. To enter the exhibition, one has to pass through a green curtain. The fabric's color is not any hue of green, but evokes Scheele's Green, the color of fake plants and a toxic dye. Scheele's Green is the result of experiments in color led by pharmacist Carl Wilhelm Scheele, who accidentally discovered it in 1775 through a hazardous process involving arsenious oxide and copper sulfate.[9] This lethal green powder was used to enhance artificial leaves and became emblematic of healthy green foliage even after Scheele's death in 1778, replicated across the world in human-made gardens and their representations across curtains, wallpapers, and clothing. The hue brought horrific suffering to those exposed to it, as in the case of Matilda Scheurer, who died from exposure to the arsenic in the dye in 1861.[10] Scheele, also known for his earlier creation of Turner's Yellow, seemed indifferent to the poison's risks, focusing instead on the allure of its vibrant tint. The curtain

als Sinnbild für gesundes grünes Laub, das weltweit in der Gartenkultur und in deren Darstellungen auf Vorhängen, Tapeten und Kleidung repliziert wurde. Die Farbe brachte schreckliches Leid über all jene, die ihr ausgesetzt waren, wie im Fall von Matilda Scheurer, die 1861 durch den Kontakt mit dem im Farbstoff enthaltenen Arsen verstarb.[10] Scheele, der bereits für die Entwicklung des Turnergelbs Bekanntheit erlangt hatte, war dieses Giftrisiko offenbar einerlei, viel mehr interessierte ihn der Reiz seines strahlenden Farbtons. Die Begegnung mit dem farbigen Vorhang ist der erste von mehreren Momenten in der Ausstellung, in dem die Farbe Grün eine Rolle spielt. Der Gebrauch von Grün soll uns mit dem Wahrnehmungsfeld in Kontakt bringen, das von den Realitäten unserer Materialität geschaffen wird. Dementsprechend stellt die toxische Farbe eine Verbindung zu dem unter toxischen Bedingungen abgebauten Silber und Kohlenstoff in der Kameratechnologie sowie zu deren Instrumentalisierung für die Konstruktion der angeblichen Natürlichkeit von Natur her. Tatsächlich gäbe es Huertas Milláns Arbeiten nicht ohne diese lange Geschichte pflanzlicher und geologischer Giftstoffe. Und doch präsentieren uns die Bilder aus ihrer Kamera eine Geschichte, bei der es nur auf den ersten Blick um toxische Substanzen, in Wirklichkeit aber um die Ursprünge der Heilung geht – um Menschen, die mit Pflanzen heilen, oder *Curanderxs*, so der Begriff der Künstlerin. Die Dunkelheit im Black Cube der Ausstellung kontrastiert daher mit dem Licht, das die Thematik der Künstlerin impliziert.

In dem Film *El Laberinto* begeben wir uns auf die verschlungenen Pfade der Erinnerungen von Cristobal Gómez Abel, der in den 1980er-Jahren im kolumbianischen Amazonas im Dienste von Drogenbossen stand. Zwischen dem dichten Urwald und den verfallenen Überresten der Hazienda eines Drogenbarons, die an das opulente Anwesen der Familie Carrington aus der Fernsehserie *Denver Clan* erinnert, entwickelt der Film ein surreales Narrativ über eine erschütternde Begegnung mit dem Tod. *El Laberinto* erzählt vom Synkretismus, der allgegenwärtig ist im heutigen Kolumbien, wo präkoloniale Sichtweisen auf die natürliche Welt im Schatten des Narkokapitalismus fortbestehen. Dieses Aufeinandertreffen ist Ausdruck der Gewalt der Drogenkriege und der historischen europäischen Eroberungszüge, macht gleichzeitig aber auch die Möglichkeit des Überlebens angesichts dieser repressiven Kräfte deutlich.

Der Film führt in Bild und Ton Elemente aus zwei gegensätzlich erscheinenden Welten zusammen: Der Luxus der nordamerikanischen High Society wird anhand von Ausschnitten und Dialogen aus der Fernsehserie *Denver Clan* aus den 1980er-Jahren dargestellt und der Amazonas anhand der Erzählungen von Cristobal Gómez Abel, der von den Überresten des Drogenimperiums des damaligen Chefs des Amazonas-Kartells, Evarista Porras Ardila, berichtet. In ihrem Film beleuchtet die Künstlerin die

is the first case in which the color green appears in the exhibition and is intended to bring us into contact with the perceptual field created by the realities of our materiality. The toxic color is thus not disjointed from the toxic silver and carbon that makes the camera's technologies, nor from their instrumentalization to cast a particular view of the presumed naturalness of nature. In fact, Huertas Millán's works could not have existed had it not been for this long history of material, vegetal, and geological intoxication. And yet what the images originating in the artist's camera present to us is a story that, while initially perceived to be one of toxic substances, is really one about the ancestry of healing – a plant healer or *Curanderxs*, to use the artist's term. The darkness of the black cube in the exhibition is thereby contrasted with the light provided by the filmmaker's subject matter.

In *El Laberinto* we embark on a journey delving into the intricate memories of Cristobal Gómez Abel, who was once employed by drug lords in the Colombian Amazon during the 1980s. As he navigates between the dense forest and the dilapidated remains of a drug lord's mansion, reminiscent of the opulent mansion owned by the Carrington family in the American television drama *Dynasty*, the film unravels a surreal narrative recounting a harrowing brush with death. *El Laberinto* encapsulates the syncretism inherent in contemporary Colombia, where the shadow of narco-capitalism looms alongside enduring precolonial connections to the natural world. This convergence mirrors the violence caused by the drug wars and the historical violence of European conquest, while also exploring the potential for survival despite these oppressive forces.

Throughout the film, visual and auditory elements from two seemingly opposite worlds are combined: the luxury of North American high society, depicted through clips and dialogues from the 1980s TV show *Dynasty*, and that of the Amazon, captured through the narrator Cristobal Gómez Abel, who recounts the remnants of the drug empire led by Evaristo Porras Ardila, the then-leader of the Amazon cartel. The artist's film consequently projects the whims and eccentricities of the drug lord, which included the construction of a replica of the Carringtons' family home from *Dynasty* in Leticia. Along with images of the decaying mansion, the dense verticality of the Amazon rainforest merges with clips and animations from the show. The jungle's sounds infiltrate the replica, while the actors' lines echo through footage of the ruined estate in the rainforest. The juxtaposition reminds us that the Carrington mansion can only be a cultural implant, a monstrosity, a wreck submerged in the Amazon's humidity.

A site-specific installation features *Curanderxs*. The film follows the prohibition of coca, narrating the expressions of resistance that emerged across South America, with numerous individuals, particularly women,

exzentrischen Launen des Drogenbosses, der sich in Leticia eine Nachbildung des Familienanwesens der Carringtons aus *Denver Clan* errichten ließen. Zusammen mit Aufnahmen des heute verfallenen Anwesens verschmilzt die dichte Vertikalität des Amazonas-Regenwalds mit Clips und Animationen aus der Serie. Das nachgebaute Anwesen wird von den Geräuschen des Dschungels erfüllt, und die Stimmen der Schauspieler:innen hallen durch die Aufnahmen von einer untergegangenen Welt im Regenwald. Diese Gegenüberstellung erinnert uns daran, dass der nachgebaute Familiensitz der Carringtons nicht mehr als ein kulturelles Implantat, eine Monstrosität, ein im feuchten Klima des Amazonasgebiets untergegangenes Wrack sein kann.

Als ortsspezifische Installation setzt sich *Curanderxs* mit dem Kokaverbot und den Formen des Widerstands auseinander, die sich in ganz Südamerika formierten und in deren Zuge zahlreiche Personen, insbesondere Frauen, wegen der illegalen Nutzung und Verbreitung der Pflanze inhaftiert oder hingerichtet wurden. Ausgehend vom Kokahandel, der sich während der Blütezeit des Silberbergbaus im 16. Jahrhundert entwickelte, nimmt das Projekt die Geschichten von Frauen in den Fokus, die sich häufig gemeinsam gegen die von Herkunft, Geburtsort und »Rasse« bestimmten gesellschaftlichen Hierarchien in den Kolonien auflehnten. Die Künstlerin erzählt anhand der historischen Verknüpfung zwischen Koka und Bergbau, dass es häufig Frauen waren, die trotz ihrer unterschiedlichen Herkunft gemeinsame Strategien entwickelten, um überleben und nachhaltig wirtschaften zu können. Wie aus einigen Dokumenten aus der Kolonialzeit hervorgeht, ermöglichte das Verteilen der Koka Lebensweisen, die im Widerspruch mit den religiösen Vorschriften unter der Kolonialherrschaft standen. Um auf diese oft unterdrückte und vergessene Geschichte hinzuweisen, hat sich die Künstlerin von der Ästhetik des Stummfilms inspirieren lassen, insbesondere vom deutschen Film *Das Cabinet des Dr. Caligari* – als Anspielung auf die Stille der Archive. *Curanderxs* spekuliert darüber, wie diese mutigen Frauen in der Gegenwart agieren würden, indem er ein imaginatives Narrativ über ihre Identitäten und Formen des Widerstands entwirft. Das Nachdenken über alltägliche Maßnahmen zum Schutz der Pflanze und der Weiblichkeit außerhalb der binären Geschlechterrollen der Kolonialzeit zeigt die Möglichkeiten eines gegenwärtigen kulturellen und spirituellen Widerstands auf.

Die Ausstellung endet mit *Para la Coca*. Der Film ist abermals in Zusammenarbeit mit Cristobal Gómez Abel entstanden, einem Angehörigen der Murui First Nations in Kolumbien. Die Künstlerin hat das Projekt in zahlreichen Gesprächen mit Gómez Abel entwickelt. Auf dessen Wunsch greift es einen Mythos der Murui auf, der als überlieferte Weisheit der Vorfahren zur ethischen Verwendung der Kokapflanze gilt. In diesem Mythos wird die Pflanze als Gottheit in Form eines jungen Mädchens dargestellt, die

facing imprisonment or execution for the illicit use and distribution of the plant. Building on the economy of coca that emerged during the expansions of silver mining in the sixteenth century, the project centers on the stories of women who often collaborated to challenge colonial social hierarchies determined by ancestry, birthplace, and race. Building on the intertwined history of coca and mining, the artist recounts that, while some women were of mixed heritage, they would often form alliances to create strategies of survival and economic sustainability. The distribution of coca, as made clear through some colonial documents, fostered lifestyles contradicting colonial religious laws. To highlight a story often silenced and forgotten, the filmmaker has drawn inspiration from the aesthetics of silent films, especially that of the German film *Das Kabinett des Dr. Caligari*, as a wink to the silence of the archives. Through a speculative lens, *Curanderxs* evokes the presence of these defiant women in the present, inviting an imaginative narrative about their identities and forms of resistance. Imagining everyday acts of protection toward the plant and womanhood outside colonial gender binaries offers insight into potential avenues for contemporary cultural and spiritual resistance.

The exhibition ends with *Para la Coca*. It was again created collaboratively with Cristobal Gómez Abel, who is the main character in the film and a member of the Murui Colombian First Nations. Through this collaboration the project evolved out of ongoing discussions between the artist and Gómez Abel. At Gómez Abel's request, it revisits a Murui origin myth that serves as an ancestral guideline imparting wisdom about the ethical use of the coca plant. In this myth, the plant is personified as a deity in the form of a young girl who instructs her father and community on the "proper" use of the plant. The aim of this work is to convey this message and advocate the decriminalization of the coca plant. Especially, it centers on coca's role as a worldmaker as well as a provider of energy, light, and connection to the ancestral worlds of different Andean communities past and present.

The two-channel projection starts by juxtaposing children's drawings and the hands of a man sifting and mixing dried coca leaves on a large metal base. The person uses his hands to pulverize the leaves, which crumble into millions of pieces. The children's drawings show a series of traditional homes or places of gathering known as *malocas*. The narrator starts by describing the story of a man called Bunaima, who was never able to find good coca plants to chew (*mambear*). Instead, he chewed on rubber leaves, which prevented him from becoming a receptor of knowledge. It was only after his wife gave birth to their first daughter that Bunaima finally initiated a process of recognition, allowing him and his family to find and cultivate the coca plant. The story, however,

ihren Vater und ihre Gemeinschaft über die »richtige« Nutzung der Pflanze aufklärt. Eben diese Botschaft will die Künstlerin mit ihrer Arbeit vermitteln und für die Entkriminalisierung der Kokapflanze eintreten. Dabei legt sie einen besonderen Fokus auf die Rolle der Koka als Weltenmacherin und Quell von Energie, Licht und der Verbindung zu den Welten der Vorfahren verschiedener andiner Gemeinschaften der Vergangenheit und der Gegenwart.

Die Zweikanal-Projektion beginnt mit einer Gegenüberstellung von Kinderzeichnungen und den Händen eines Mannes, der getrocknete Kokablätter auf einer großen Metallplatte siebt und vermischt. Der Mann zerdrückt die Blätter mit seinen Händen in Millionen kleinster Teile. Auf den Kinderzeichnungen sind mehrere traditionelle Häuser oder *Malocas* genannte Versammlungsplätze zu sehen. Der Erzähler berichtet zunächst von einem Mann namens Bunaima, der keine guten Kokapflanzen zum Kauen (*mambear*) finden konnte. Stattdessen kaute er auf Gummibaumblättern, weshalb er keine Weisheit empfing. Erst als seine Frau eine Tochter zur Welt brachte, setzte für Bunaima ein Prozess der Erkenntnis ein, der es ihm und seiner Familie ermöglichte, Kokapflanzen zu finden und anzubauen. In der Geschichte geht es jedoch nicht nur um das Auffinden der Koka, sondern auch um die Rolle, welche die Intuition dieser jungen Frau spielte, um die heilige Pflanze zu sichern und ihrer Familie die Möglichkeit der Reise in andere Bewusstseinsebenen zu eröffnen. Im Film sehen wir, wie Menschen in der Andenregion die Blätter einzeln sammeln, sie getrocknet durch ein Sieb streichen und anschließend zu Pulver verarbeiten. Er zeigt den gesamten Prozess der Aufbereitung der Koka zur sakralen und rituellen Verwendung. Das Grün der Pflanze kontrastiert hier mit dem künstlichen Ton des Scheele Grün. Ausgehend von der Nutzung der heiligen Kokablätter, die mit Feuer bearbeitet werden, beleuchtet der Film die Geschichte der Suche nach anderen Wegen des Wissens und anderen Formen der Weltenschaffung, die das rituelle Kauen von Kokapflanzen ermöglicht. Der Film bringt das Licht der unterdrückten und verbotenen Koka zum Schimmern.

Huertas Millán setzt häufig Verfahren ein, die einen visuellen Gegensatz zu ihrer Arbeit und Recherche bilden. Es ist nicht möglich, das gewaltsame Verbot einer Pflanze, die Verfolgung einer ganzen Kultur und die Zerstörung unseres Ökosystems zu verstehen, ohne erneut die historischen Ereignisse in den Blick zu nehmen, die dieser Entwicklung zugrunde lagen. Allerdings geht es bei dieser Suche nicht nur um die Ermittlung historischer Fakten oder um eine Rekonstruktion der Wahrheiten vergangener Momente, sondern vielmehr um eine Neuinterpretation der Ereignisse der Vergangenheit. In ihrer Arbeit gibt Huertas Millán dem Archiv eine Stimme, damit es nicht verstummt und ausgelöscht wird. Sie sucht in den Rissen nach den Geschichten derer, die ebenfalls beteiligt waren, deren Leben jedoch dem Vergessen preisgegeben wurden. Der Fokus auf bestimmte

is not just about finding coca, but about the role this young woman's intuition played in securing the sacred plant and, in turn, allowing the family to travel to other dimensions of consciousness. The film shows us how Andean people collect the individual leaves, mesh the dried vegetation, and subsequently how it is pulverized, demonstrating the entire treatment of coca for sacred and ritualized consumption. The green of the vegetal once again appears as a contrast to the artificial hue of Scheele's Green. Starting from the showcase of sacred coca leaves processed through fire, the film casts light on the story of the pursuit of other avenues of knowledge and other forms of worldmaking granted by the ritualistic chewing of coca. Subjected to silences and bans, defined as darkness, the film allows coca's light to shimmer.

Huertas Millán has often deployed a methodology that is visually counter to her work and research. It is not possible to understand the violent outlaw of a plant, the persecution of an entire culture, and the destruction of our ecosystem without trying to revisit the historical moments that led to it. However, this search is not simply one of a historian unearthing the facts or reconstructing the truths of a bygone moment, but rather a reimagining of the events of the past. In her works, Huertas Millán reads the archive against its silences and erasure. She searches in the crevices for the stories of those who also partook in the story but whose lives have been sentenced to oblivion. The centering of certain characters and practices enables the production of an alternative engagement with the past that is very much about the present and the future of a plant, and the many worlds it produces. The historical nodes of the research and the interest in these colonial archives thus serves to reorient the narratives toward the presentness of the worldmaking practices engaged in by those who have for millennia used the coca plant to travel between forms of consciousness and knowledge-making. Despite her interest in historical facts, the films are not historical in nature. They are forms of storytelling that reinvent the diachronic value a sacred plant holds, inviting us to enter into heterochronous relationships with the people, places, and memories depicted.

Figuren und Praktiken ermöglicht eine alternative Auseinandersetzung mit der Vergangenheit, bei der es sehr viel um die Gegenwart und die Zukunft einer Pflanze und um die vielen von ihr hervorgebrachten Welten geht. Die historischen Brennpunkte der Recherche und das Interesse an diesen kolonialen Archiven dient somit einer Neuausrichtung der Narrative an der Gegenwärtigkeit der Praktiken der Weltenschaffung, an denen sich all diejenigen beteiligen, die die Kokapflanze seit Jahrtausenden für Reisen zwischen Formen des Bewusstseins und der Wissensbildung genutzt haben. Obwohl die Künstlerin großen Wert auf historische Fakten legt, macht sie keine historischen Filme. Vielmehr setzt sie andere Formen des Storytellings ein, die den diachronischen Wert einer heiligen Pflanze neu definieren und uns dazu auffordern, heterochrone Beziehungen mit Menschen, Pflanzen und den dargestellten Erinnerungen einzugehen.

Sara Garzón ist eine kolumbianische Kuratorin und Forscherin, die in New York lebt. Sie hat unter anderem Ausstellungen von Künstler:innen wie Fernando Palma Rodríguez, Emilija Škarnulytė und Candice Lin bei Canal Projects in New York kuratiert.

1 Kris E. Lane, *Potosí. The Silver City that Changed the World*, Oakland 2019, S. 1.

2 Ebd., S. 14.

3 Ivonne del Valle, Anna More und Rachel Sarah O'Toole, »Iberian Empires and a Theory of Early Modern Globalization«, in: *Iberian Empires and the Roots of Globalization*, hg. von dens., Nashville 2019, S. 1–22, hier S. 3.

4 Paulina Numhauser, »Cuando las vendedoras de coca de Potosí fueron las protagonistas de la historia«, in: *Tejiendo imágenes. Homenaje a Victòria Solanilla Demestre*, hg. von Catalina Simmonds Caldas und Marina Valls I. García, Lincoln 2023, S. 230–235, hier S. 231.

5 Juan Taboada, Daniel Hernández und J. Ernesto Valdez, »Ancient Use of Coca Leaves in the Peruvian Central Highlands«, in: *Journal of Anthropological Research*, Bd. 71, Nr. 2, 2015, S. 231–258.

6 Numhauser 2023 (wie Anm. 4), S. 233.

7 John Law versteht die Eine-Welt-Welt als etwas, das angeblich aus einer Welt besteht, und betrachtet sie als »die« eine mögliche Welt, wodurch für ihn alle anderen Welten entweder ihren eigenen Bedingungen unterliegen oder überhaupt gar nicht existieren. Mit anderen Worten ist die Eine-Welt-Welt eine Welt, in der nur eine Welt Platz hat. Siehe John Law, »What's Wrong with a One-World World?«, in: *Distinkton. Scandinavian Journal of Social Theory*, Bd. 16, Nr. 1, 2015, S. 126–139.

8 Nicholas Mirzoeff, *The Right to Look. A Counterhistory of Visuality*, Durham 2010, S. 65.

9 Joost Mertens, »Schweinfurt Green and the Sanitary Police: The Fight Against Copper Arsenite Pigments«, in: *Hazardous Chemicals Agents of Risk and Change, 1800–2000*, hg. von Ernst Homburg und Elisabeth Vaupel, New York 2019, S. 63–86.

10 Katy Kelleher, »Scheele's Green, the Color of Fake Foliage and Death«, in *The Paris Review*, 2. Mai 2018, online unter www.theparisreview.org/blog/2018/05/02/scheeles-green-the-color-of-fake-foliage-and-death (abgerufen am 18. Juni 2024).

Sara Garzón is a Colombian curator and researcher based in New York. She has curated exhibitions by artists such as Fernando Palma Rodríguez, Emilija Škarnulytė, and Candice Lin at Canal Projects in New York.

1 Kris E. Lane, *Potosí: The Silver City That Changed the World* (Oakland, CA, 2019), p. 1.

2 Ibid, p. 14.

3 Ivonne del Valle, Anna More, and Rachel Sarah O'Toole, "Iberian Empires and a Theory of Early Modern Globalization," in *Iberian Empires and the Roots of Globalization*, ed. Del Valle, More, and O'Toole (Nashville, TN, 2019), pp. 1–22, here p. 3.

4 Paulina Numhauser, "Cuando las vendedoras de coca de Potosí fueron las protagonistas de la historia," in *Tejiendo imágene: Homenaje a Victòria Solanilla Demestre*, ed. Catalina Simmonds Caldas and Marina Valls I. García (Lincoln, NE, 2023), pp. 230–35, here p. 231.

5 Juan Taboada, Daniel Hernández, and J. Ernesto Valdez, "Ancient Use of Coca Leaves in the Peruvian Central Highlands," *Journal of Anthropological Research,* vol. 71, no. 2 (2015), pp. 231–58.

6 Numhauser 2023 (see note 4), p. 233.

7 John Law understands the one-world world as that which was allegedly composed of a single world and assumes it to be "the" only world possible, subjecting all other worlds to either its own terms or considering them completely nonexistent. In other words, the one-world world is a world where only one world fits. See John Law, "What's Wrong with a One-World World?," *Distinkton: Scandinavian Journal of Social Theory*, vol. 16, no. 1 (2015), pp. 126–39.

8 Nicholas Mirzoeff, *The Right to Look: A Counterhistory of Visuality* (Durham, NC, 2010), p. 65.

9 Joost Mertens, "Schweinfurt Green and the Sanitary Police: The Fight against Copper Arsenite Pigments," in *Hazardous Chemicals Agents of Risk and Change, 1800–2000*, ed. Ernst Homburg and Elisabeth Vaupel (New York, 2019), pp. 63–86.

10 Katy Kelleher, "Scheele's Green, the Color of Fake Foliage and Death," *Paris Review* (May 2, 2018), www.theparisreview.org/blog/2018/05/02/scheeles-green-the-color-of-fake-foliage-and-death (accessed on June 18, 2024).

EL LABERINTO

21 Min / mins, 16 mm und / and found footage, 2018

Der Film gibt Einblick in die verschlungenen Erinnerungen von Cristobal Gómez Abel, der in den 1980er-Jahren für die Drogenhändler im kolumbianischen Amazonas arbeitete. Er folgt seiner Wanderung durch den Wald und die Ruinen der Villa eines Drogenbosses, die von der Residenz der Familie Carrington in der Soap *Denver Clan* inspiriert ist. Währenddessen entspannt sich die halluzinatorische Geschichte einer Nahtoderfahrung.

The film is a voyage into the labyrinthine memories of Cristobal Gómez Abel, who worked for the drug lords in the Colombian Amazon during the 1980s. It follows his journey through the forest and the ruins of a narco's mansion, inspired by the Carrington mansion in the soap opera *Dynasty*, as it unravels the hallucinatory narrative of a near-death experience.

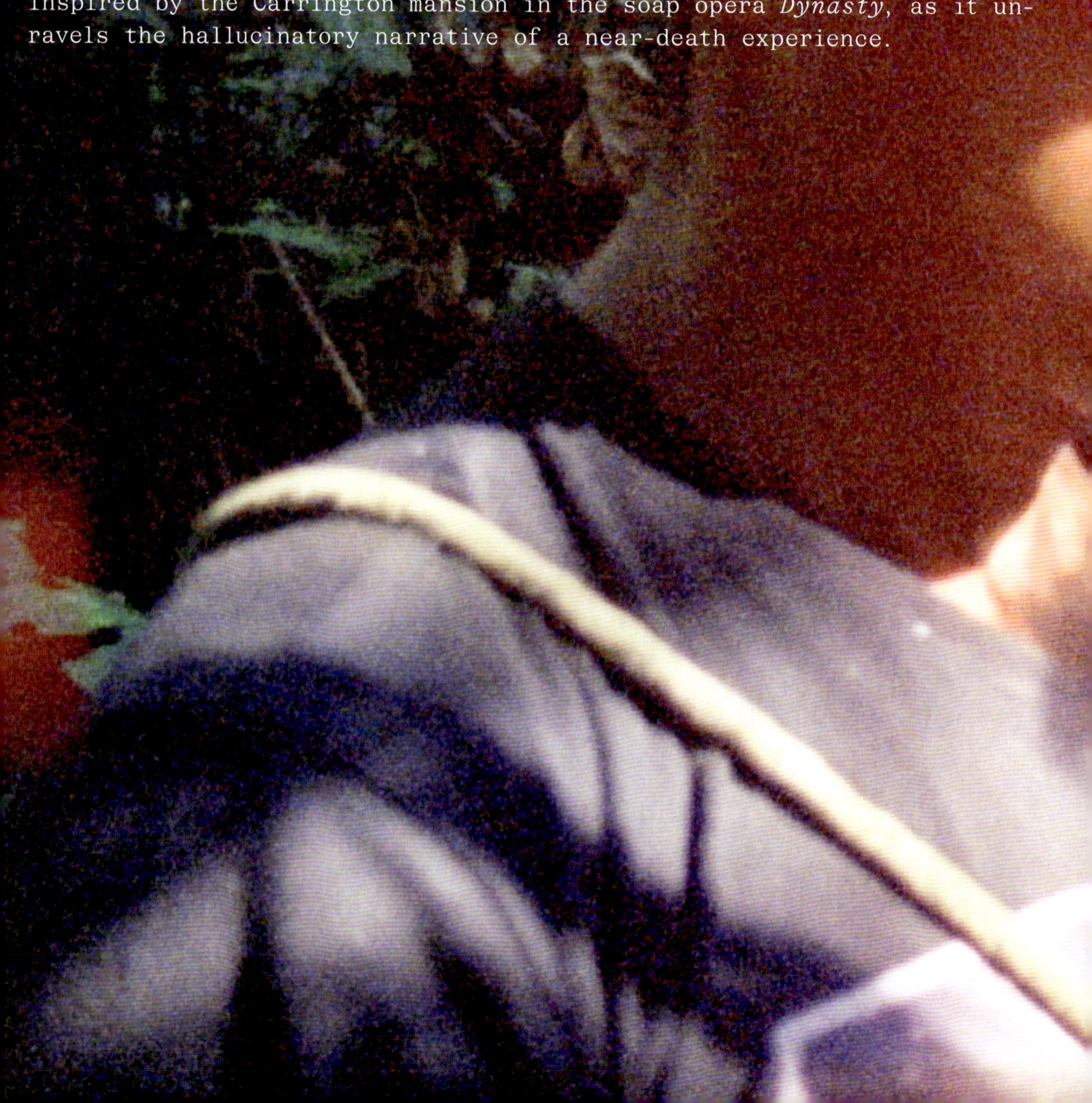

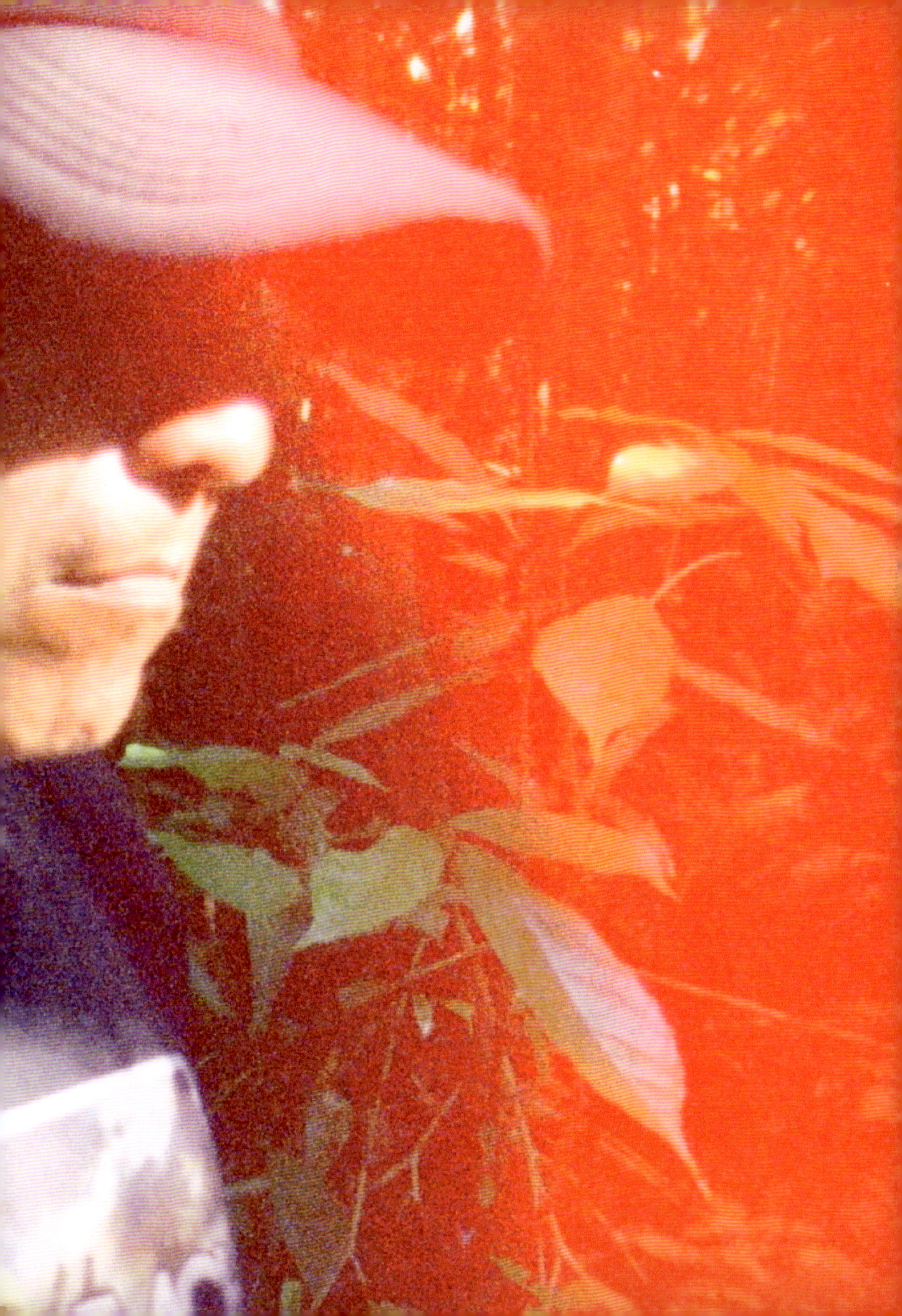

Der ehemalige Drogenboss Evaristo Porras starb ohne einen Pfennig in der Tasche und mit angeschlagener Gesundheit. Jahrelang war er der Herr und Meister des illegalen Drogenanbaus im Süden Kolumbiens und leitete das „Amazonas-Kartell“, das tonnenweise Kokain aus Brasilien, Ecuador und Peru exportierte. Eine seiner Extravaganzen bestand darin, sich in Leticia (Amazonas) eine Nachbildung der Villa aus der amerikanischen Fernsehserie *Denver Clan* errichten zu lassen.

Without a penny to his name and his health in pieces, the former drug lord Evaristo Porras died. For years, he was lord and master of illicit cultivation in the south of Colombia and managed the “Amazon cartel,” which exported tons of cocaine via Brazil, Ecuador, and Peru. One of his extravagances was to build a replica of the mansion from the American TV series *Dynasty* in Leticia, Amazonas.

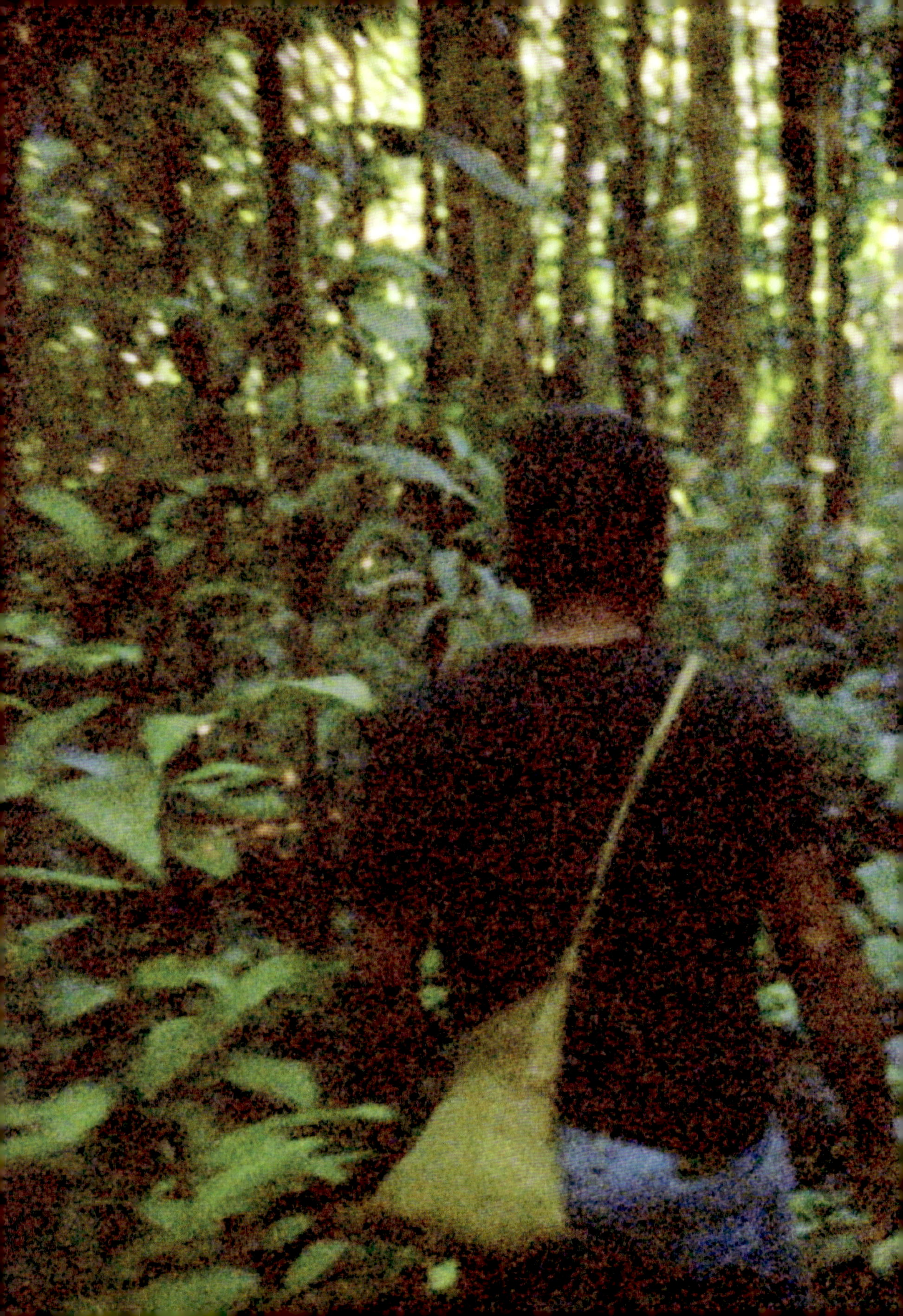

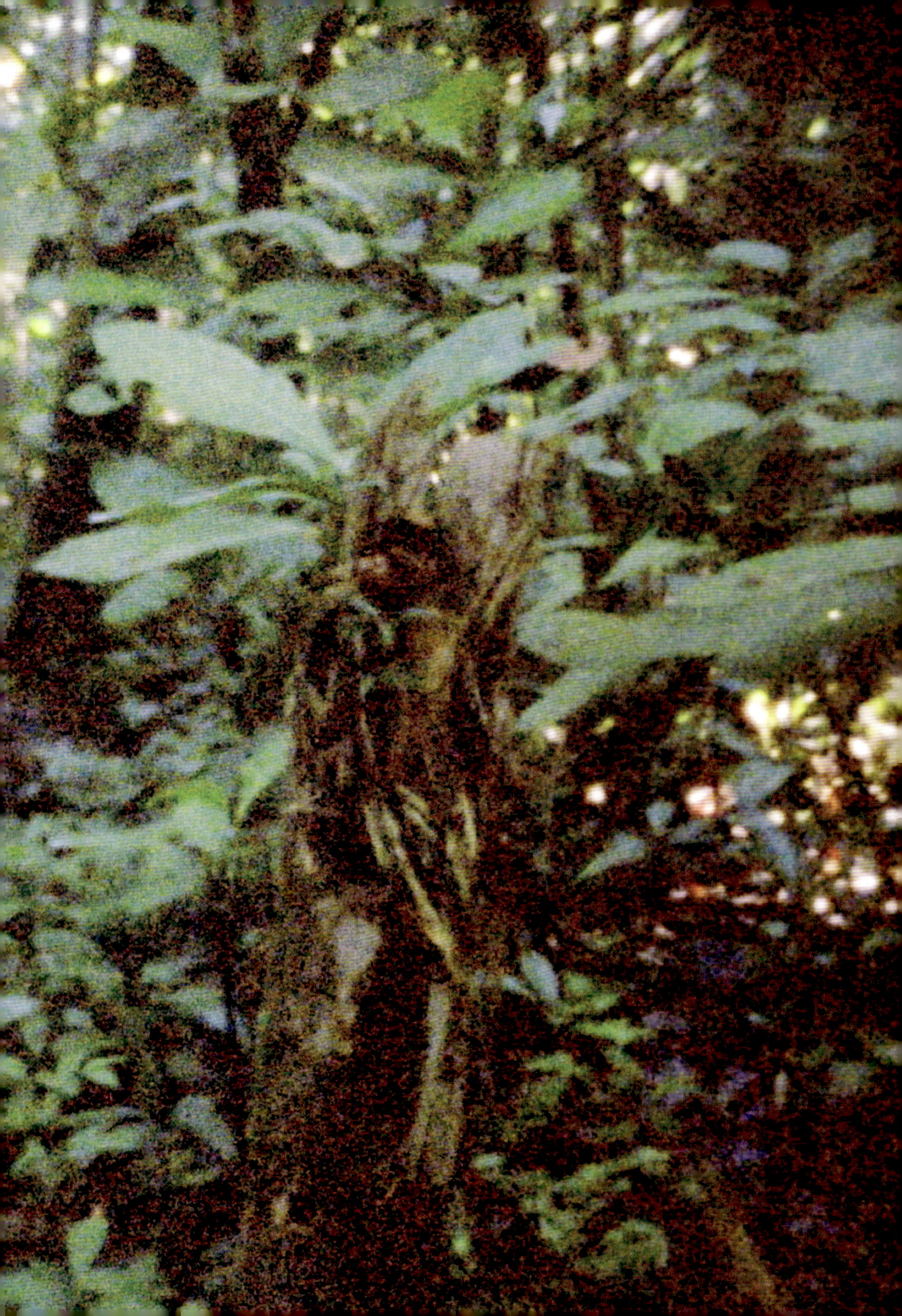

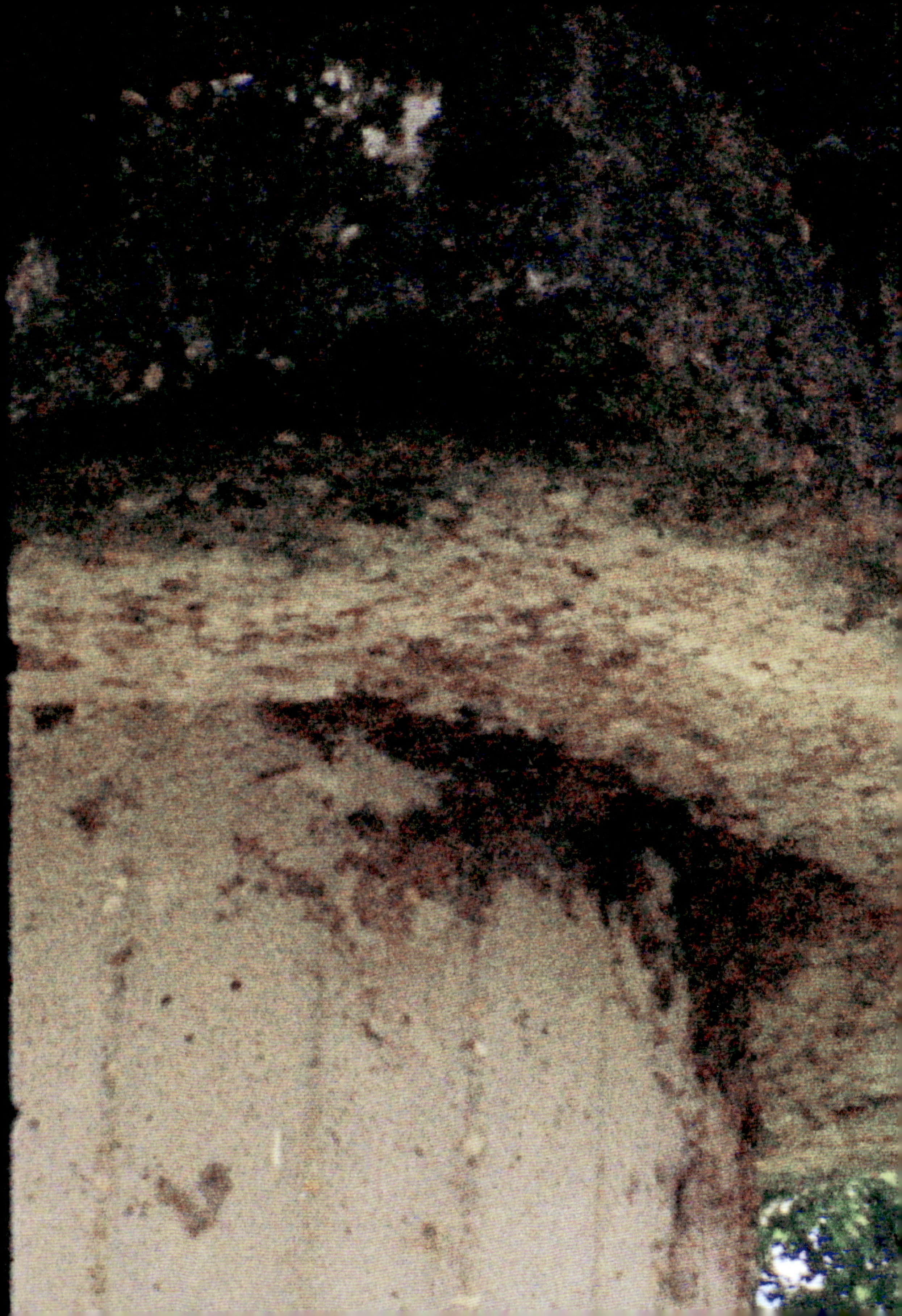

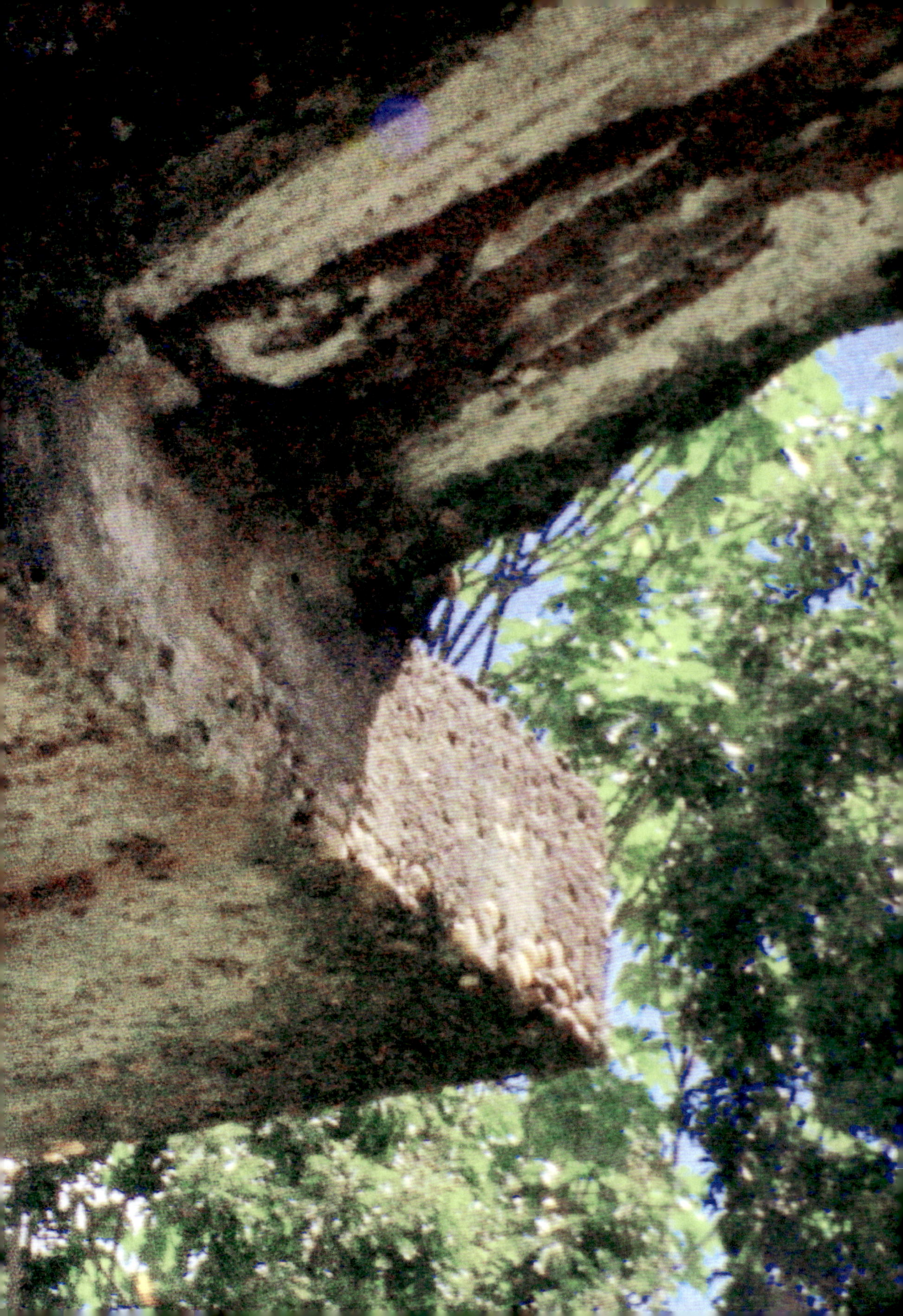

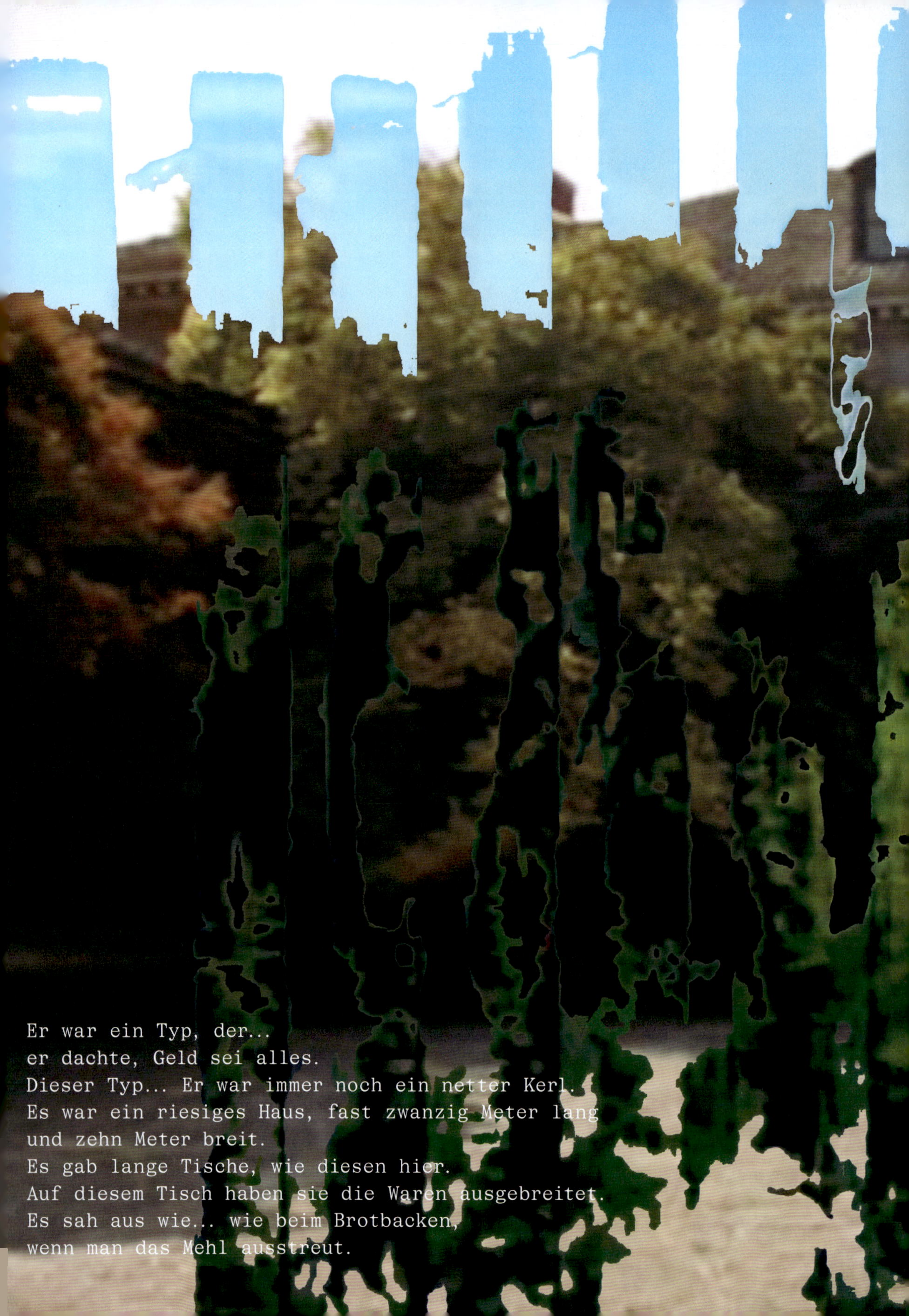

Er war ein Typ, der...
er dachte, Geld sei alles.
Dieser Typ... Er war immer noch ein netter Kerl.
Es war ein riesiges Haus, fast zwanzig Meter lang
und zehn Meter breit.
Es gab lange Tische, wie diesen hier.
Auf diesem Tisch haben sie die Waren ausgebreitet.
Es sah aus wie... wie beim Brotbacken,
wenn man das Mehl ausstreut.

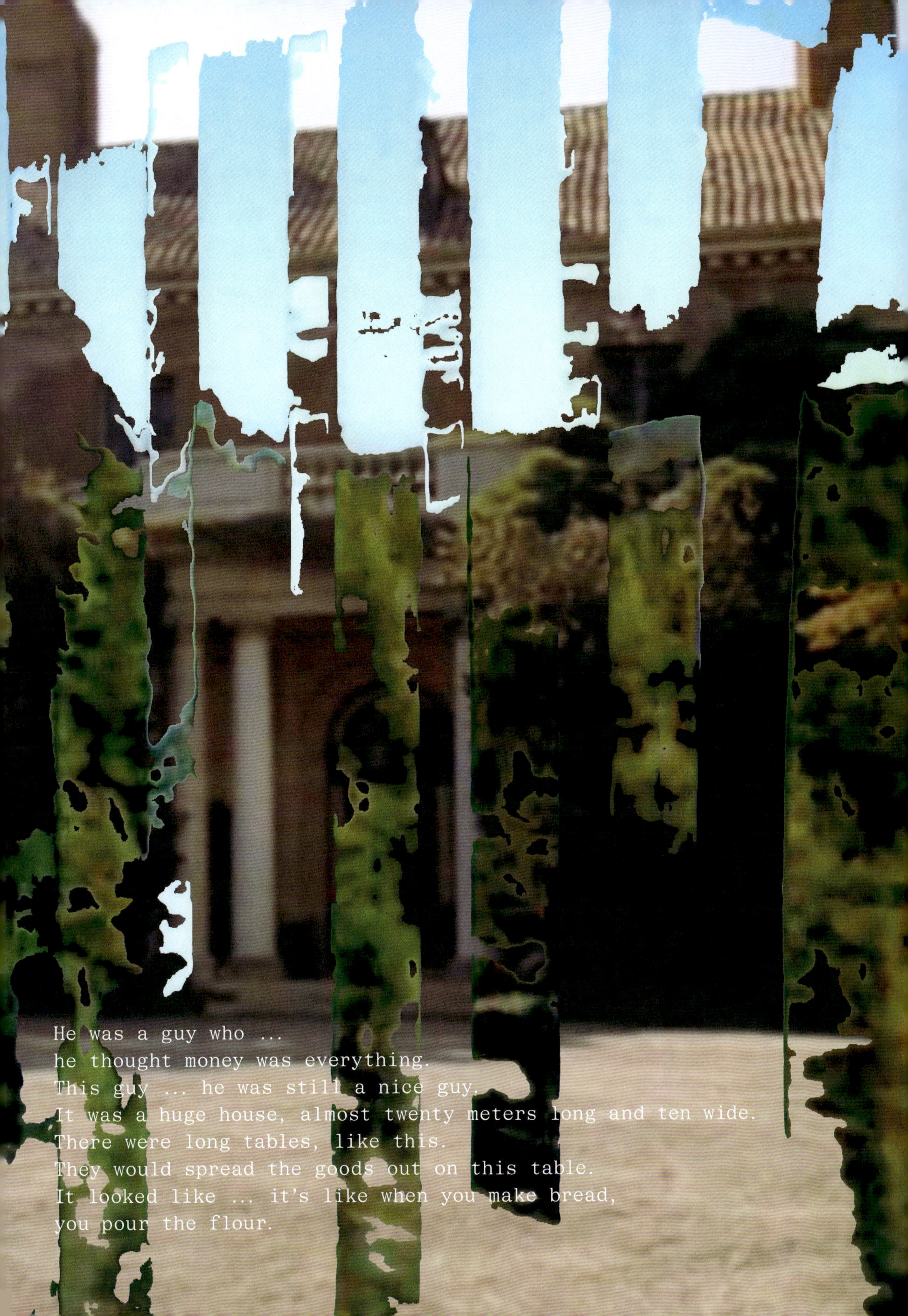

He was a guy who ...
he thought money was everything.
This guy ... he was still a nice guy.
It was a huge house, almost twenty meters long and ten wide.
There were long tables, like this.
They would spread the goods out on this table.
It looked like ... it's like when you make bread,
you pour the flour.

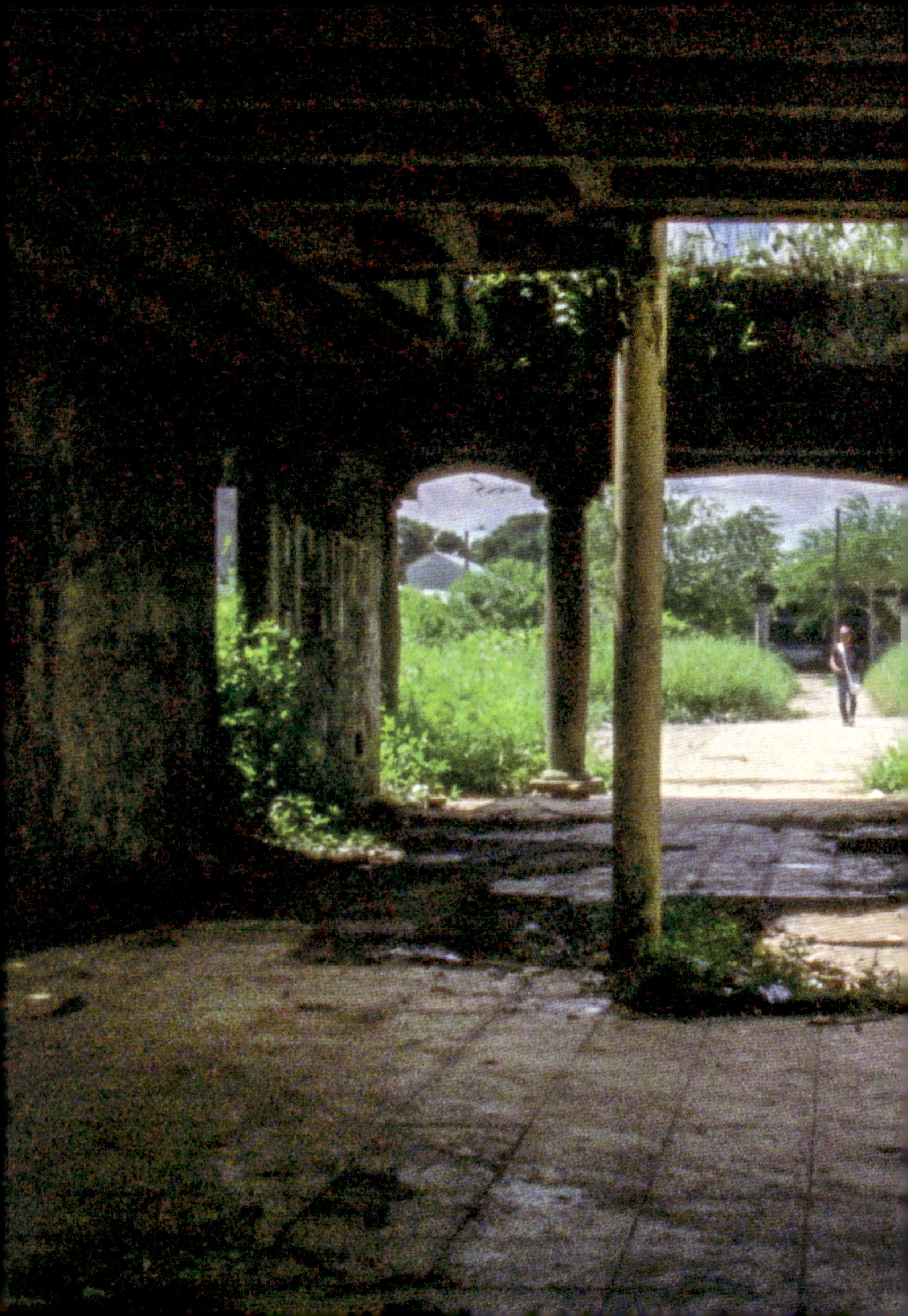

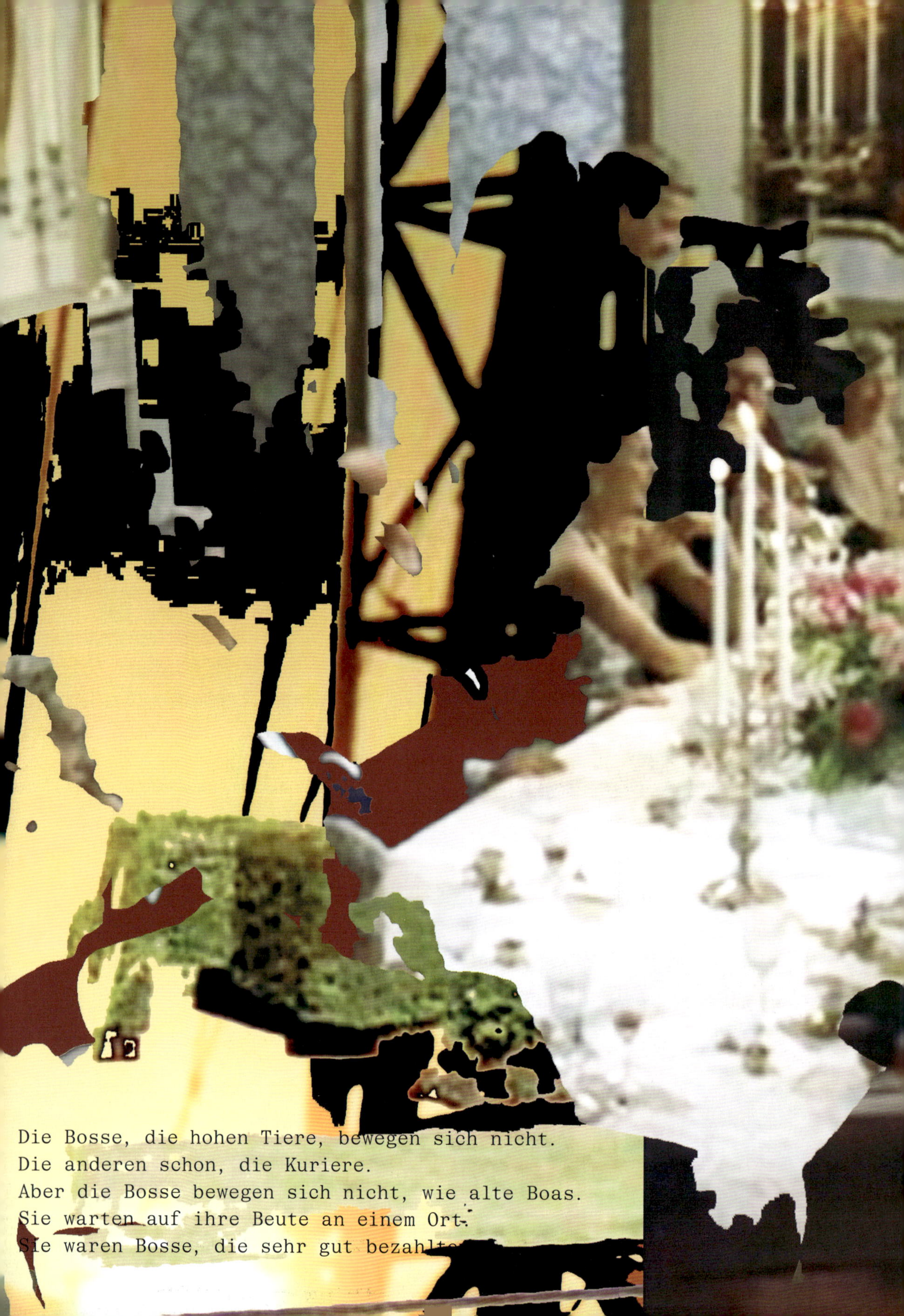

Die Bosse, die hohen Tiere, bewegen sich nicht.
Die anderen schon, die Kuriere.
Aber die Bosse bewegen sich nicht, wie alte Boas.
Sie warten auf ihre Beute an einem Ort.
Sie waren Bosse, die sehr gut bezahlt

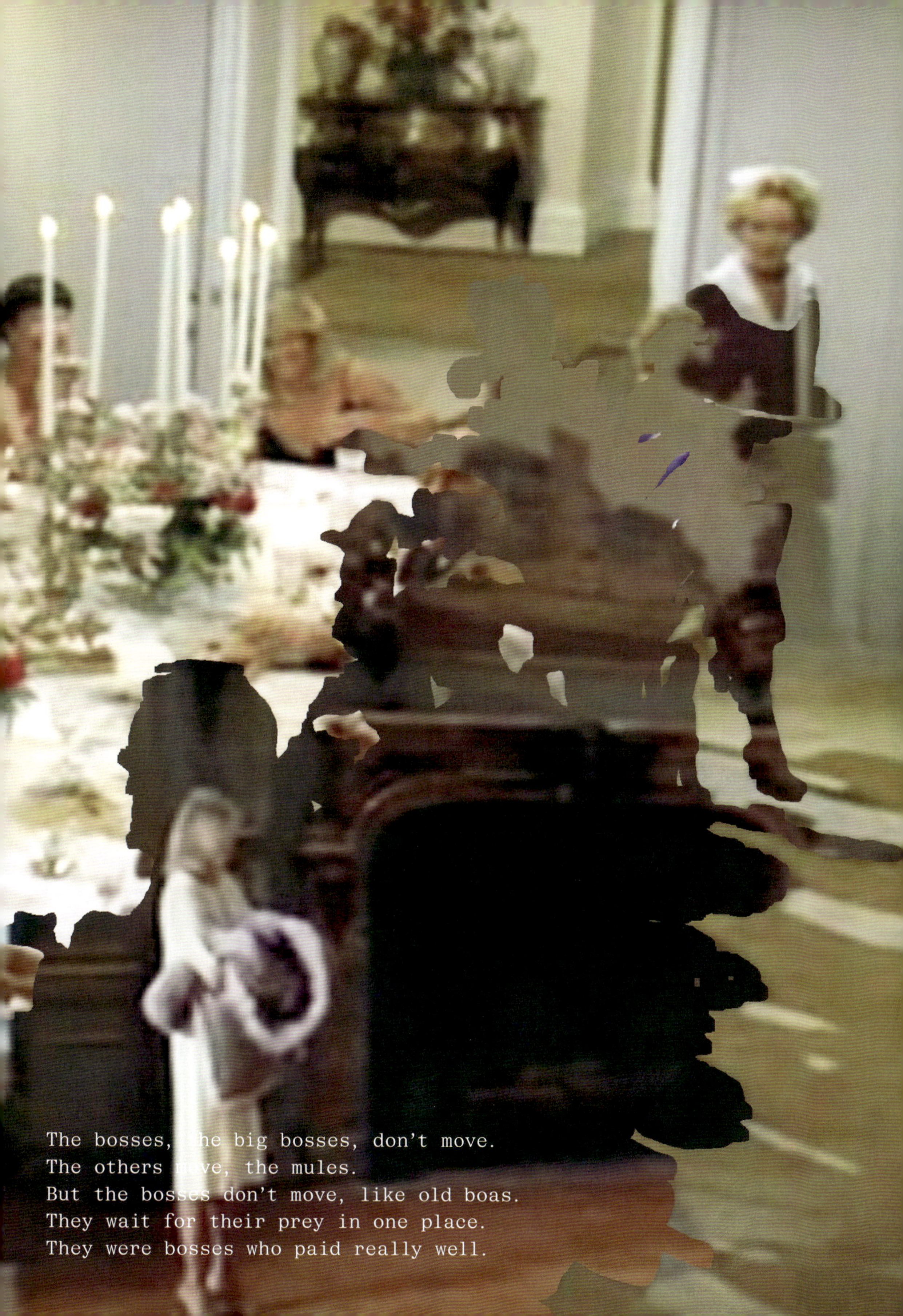

The bosses, the big bosses, don't move.
The others move, the mules.
But the bosses don't move, like old boas.
They wait for their prey in one place.
They were bosses who paid really well.

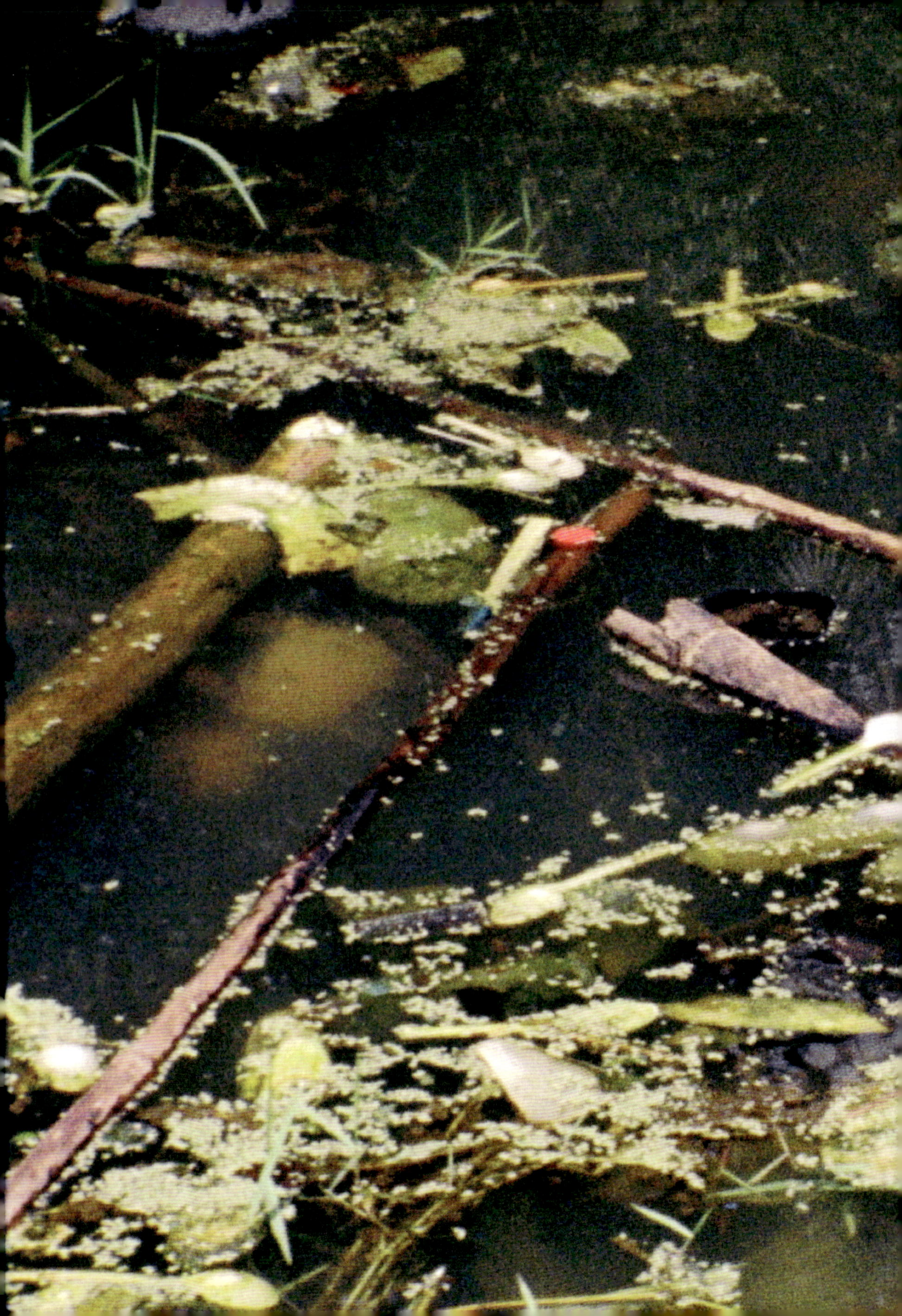

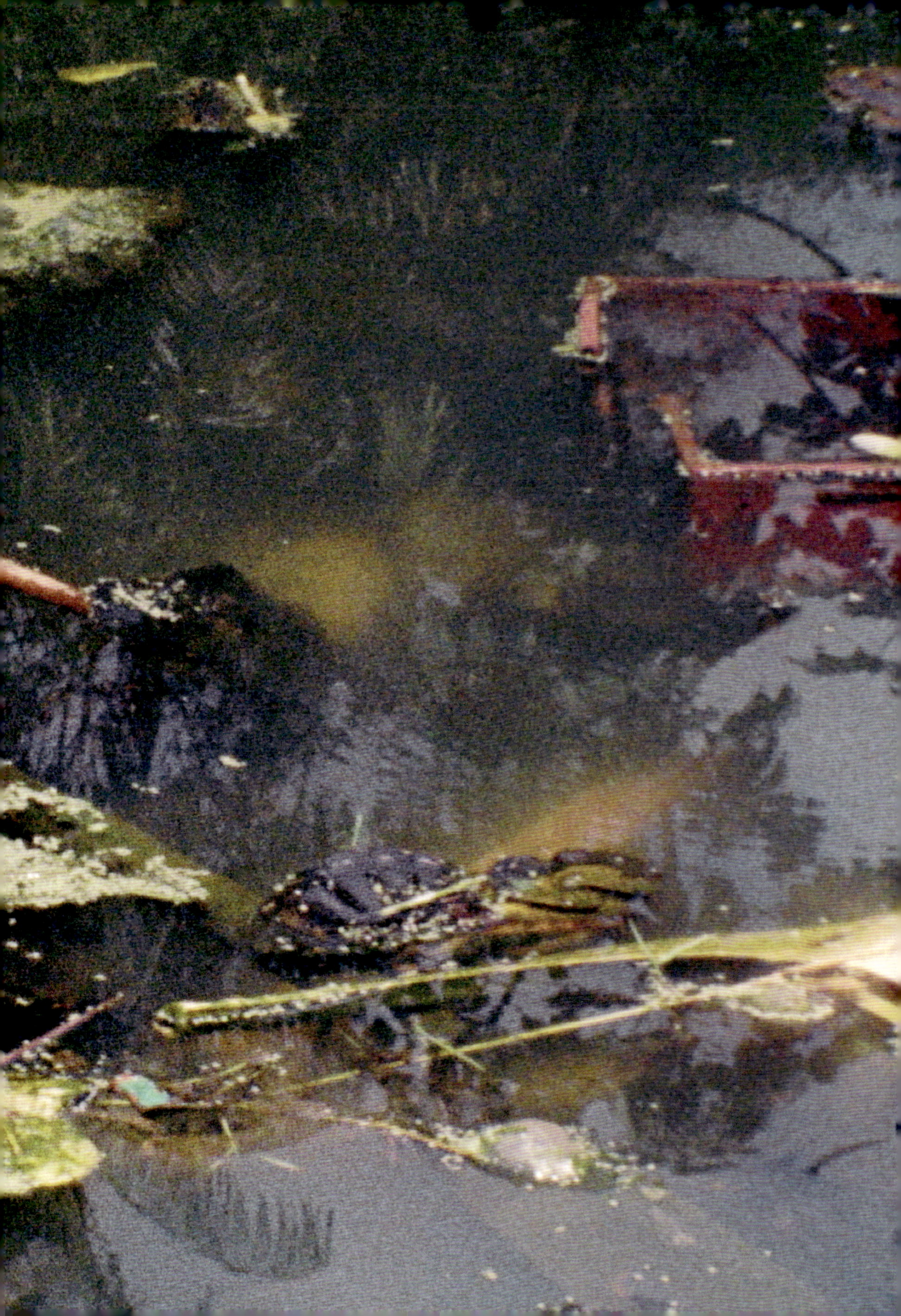

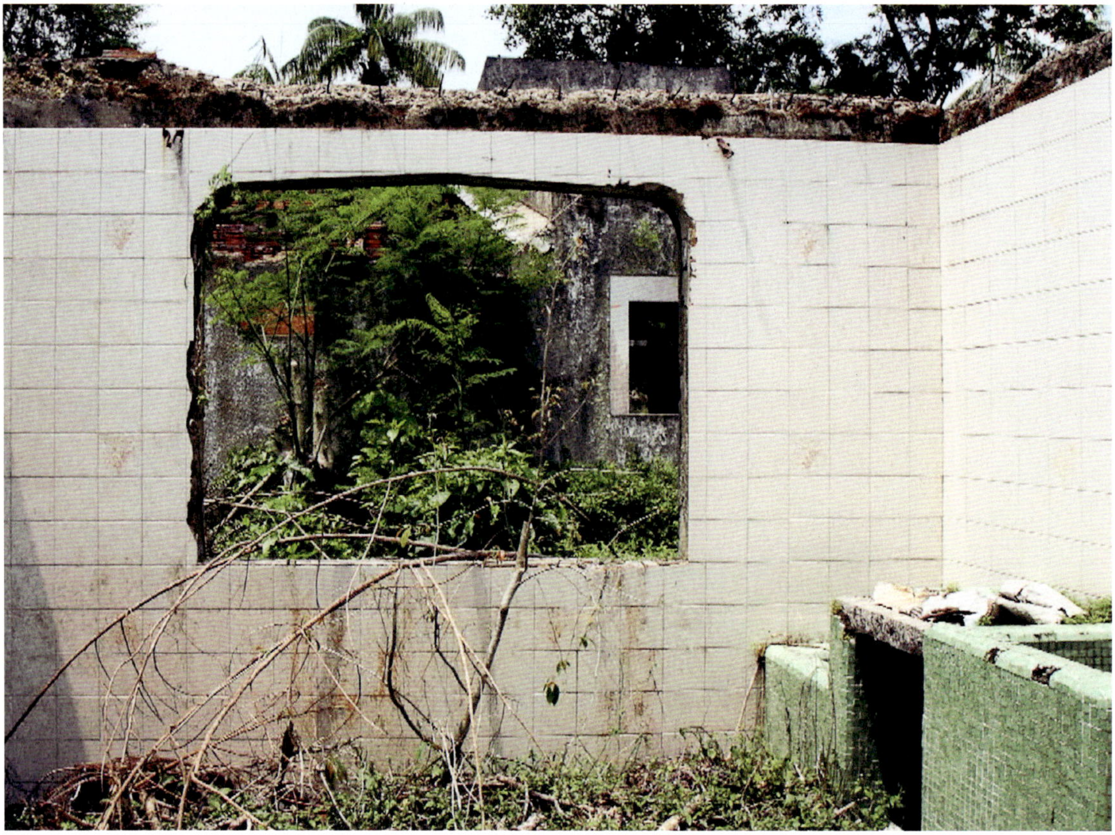

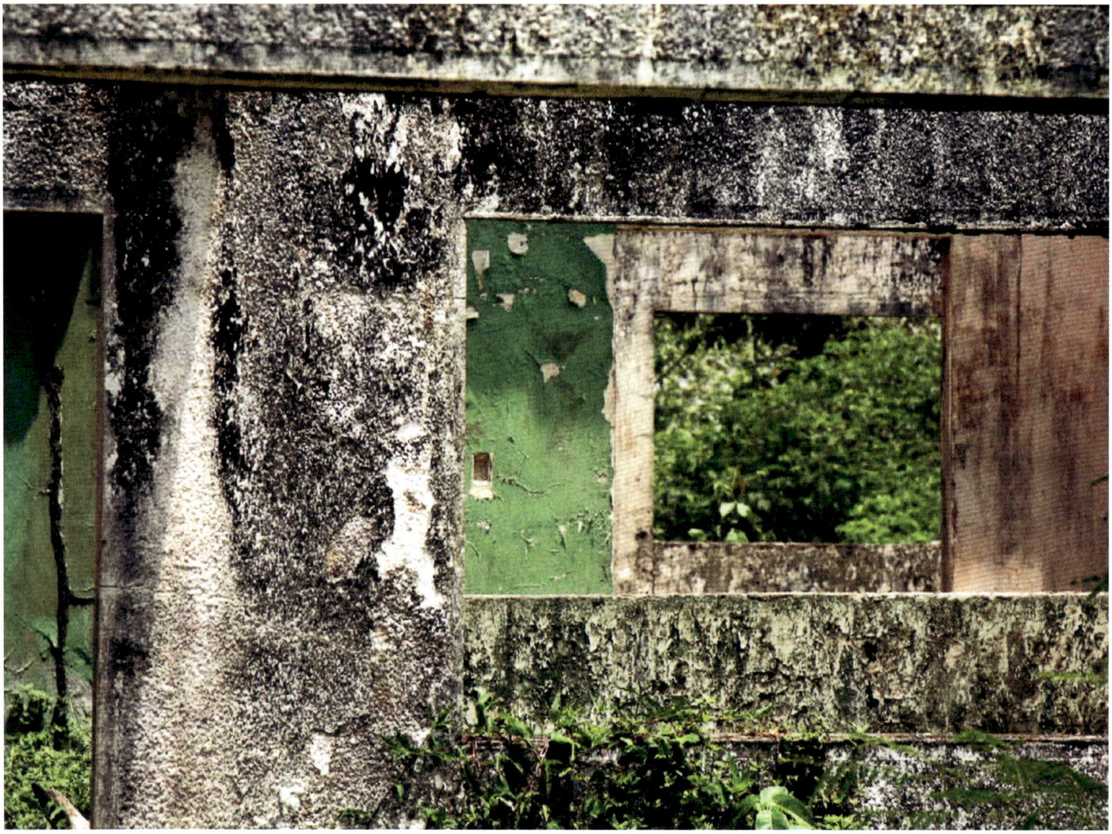

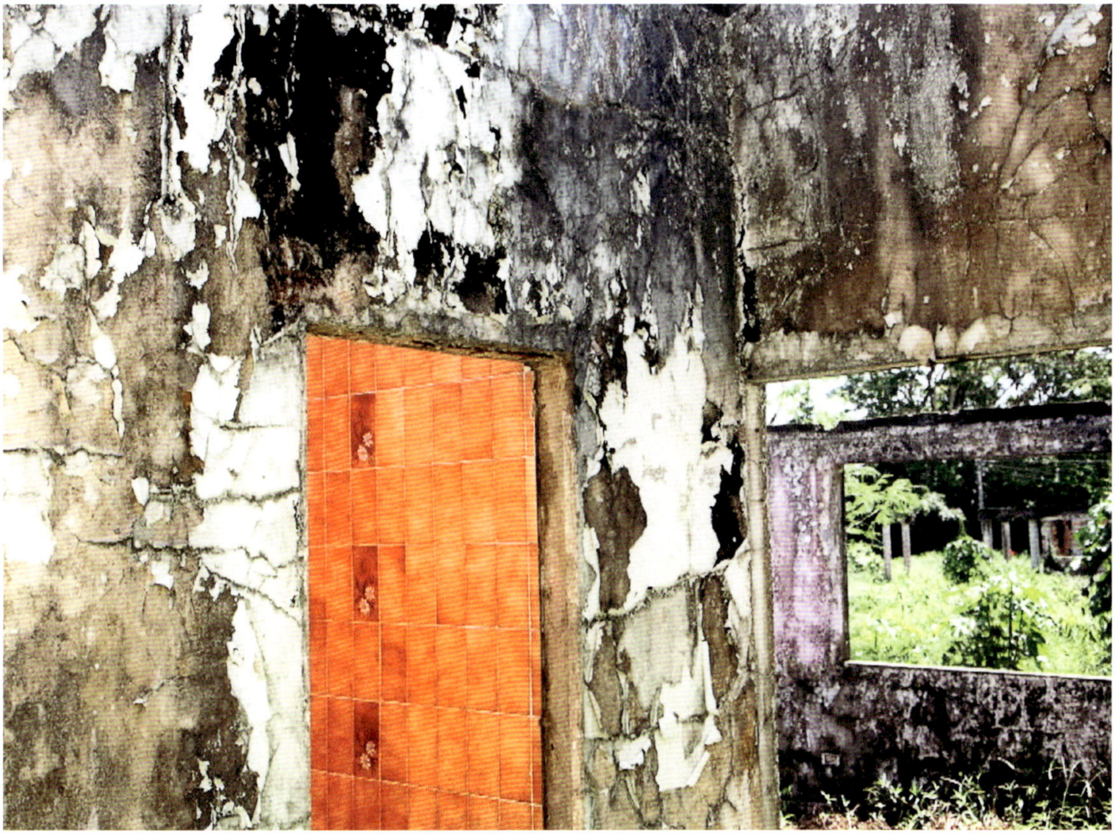

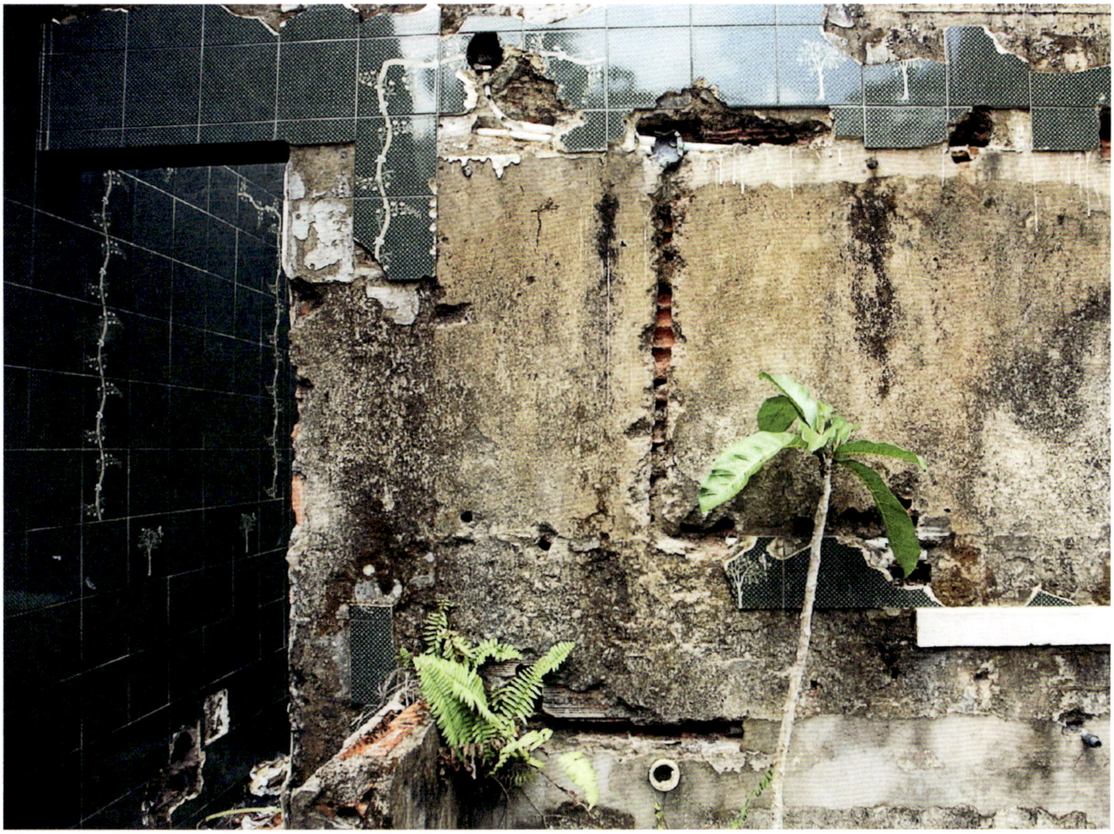

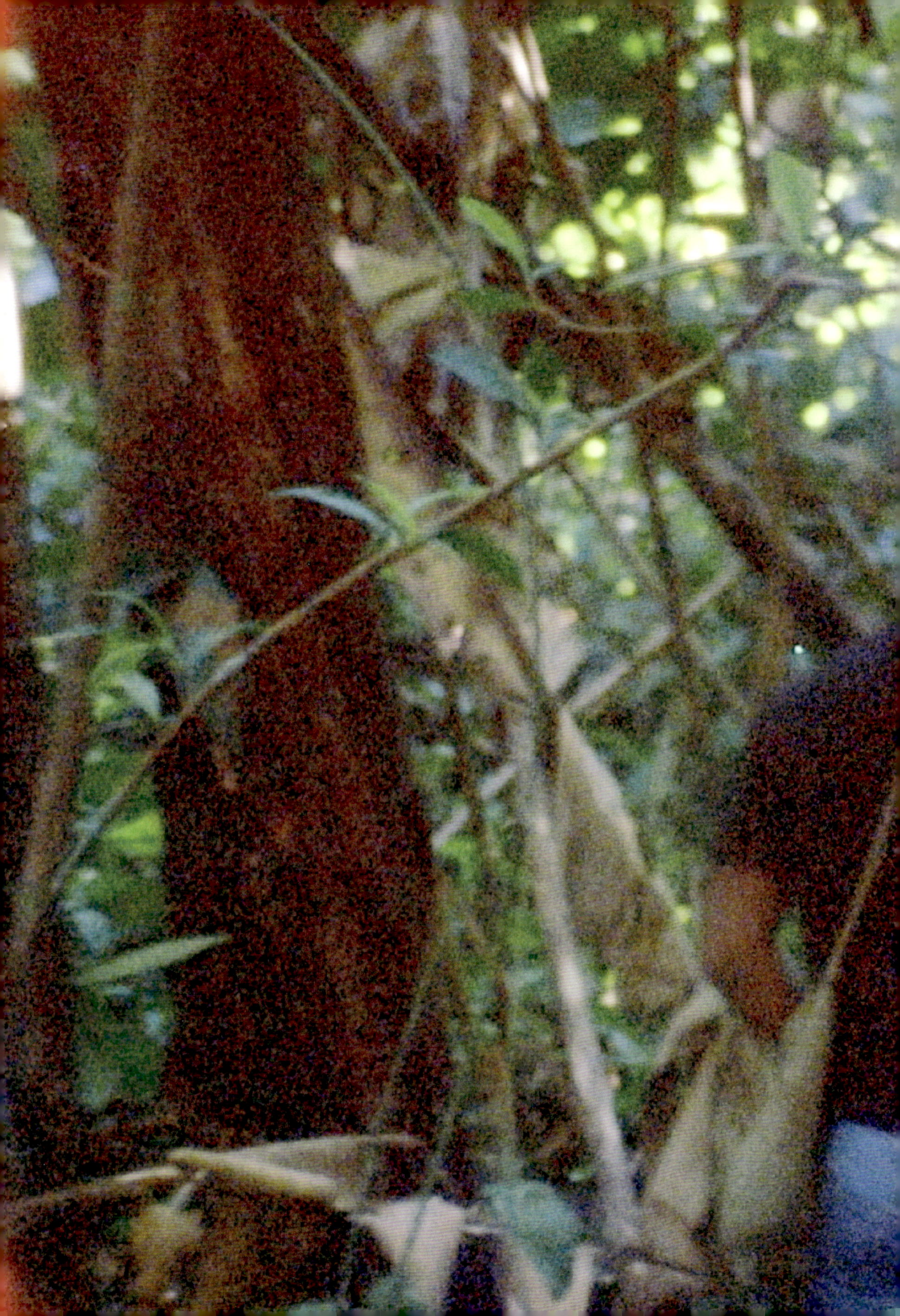

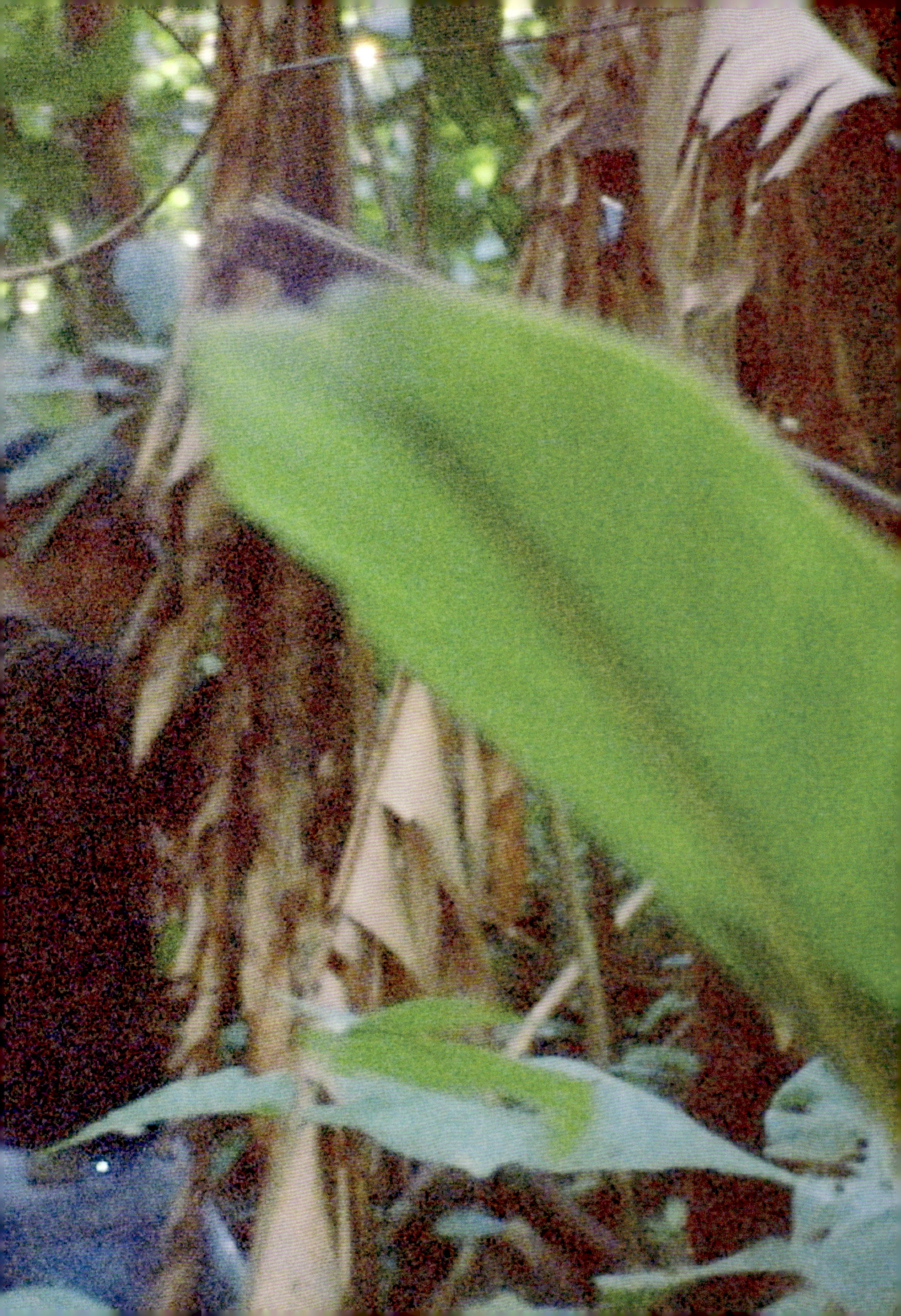

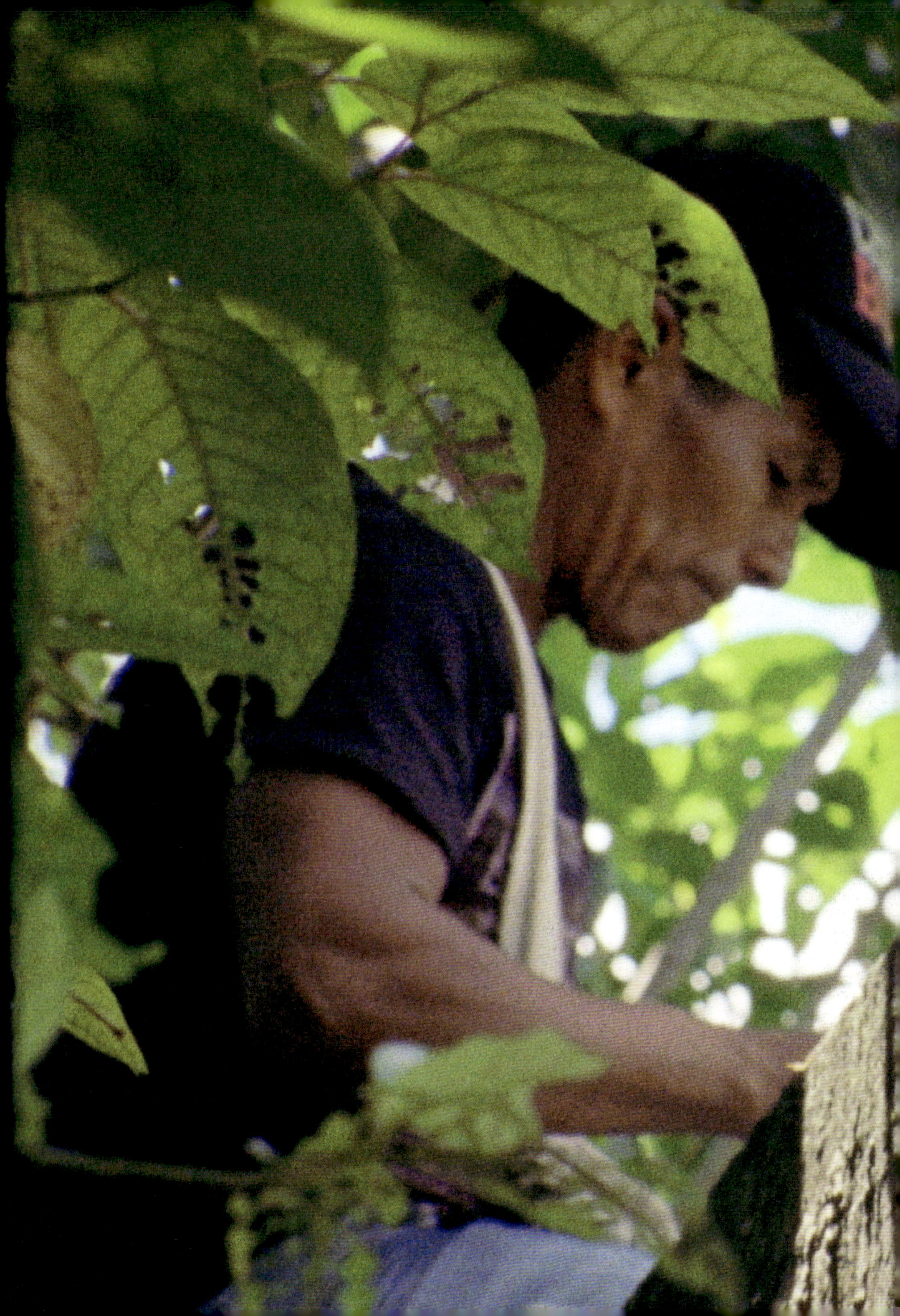

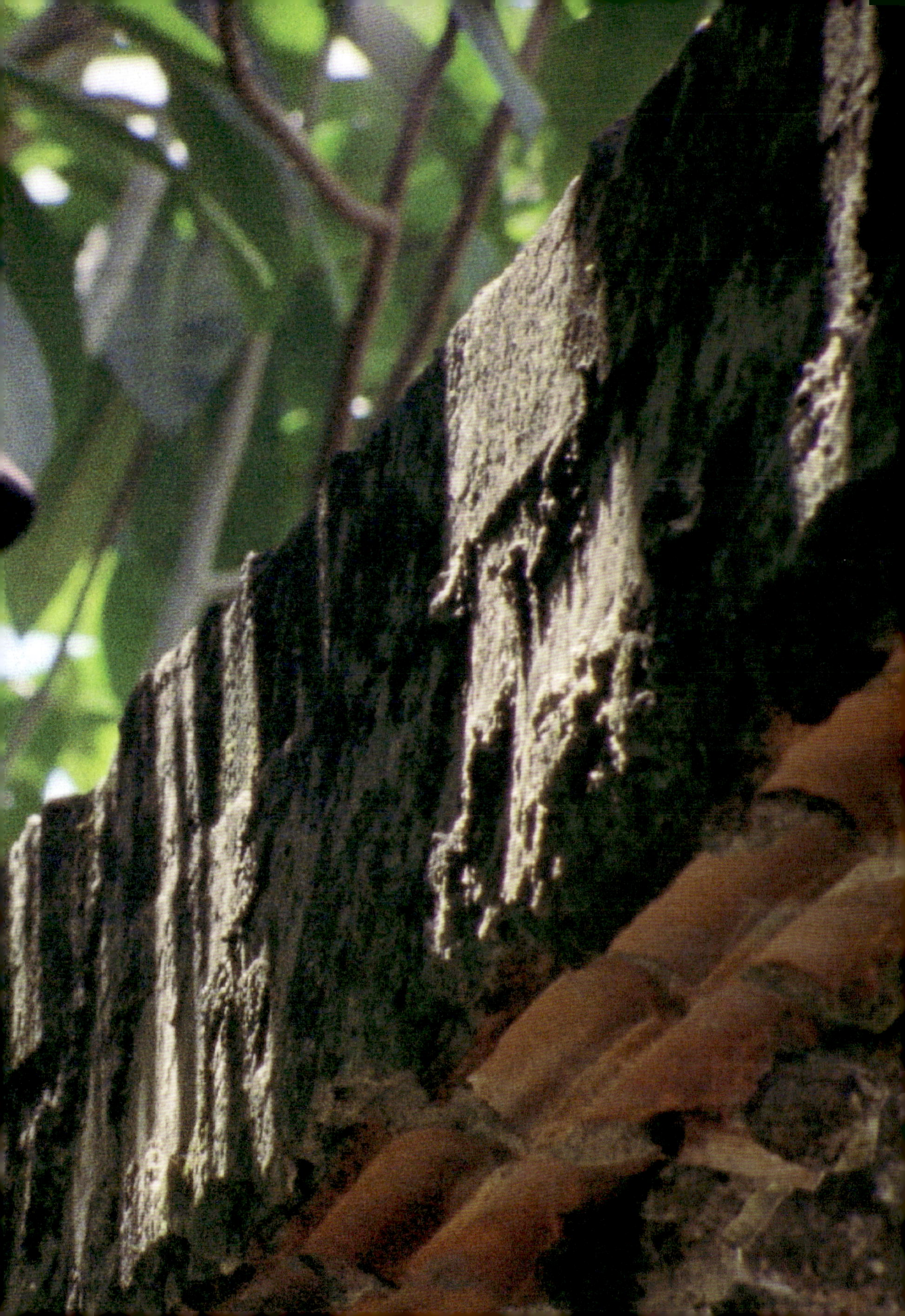

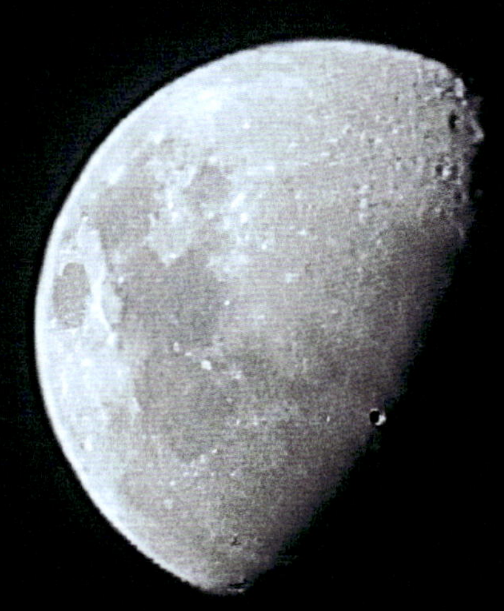

Und dann sah ich, wie sich die Erde neben mir öffnete.
Ich sah, wie die Erde sich öffnete und ein riesiger Fluss entstand.
Eine riesige Anakonda wollte mich verschlingen.
Was war das? Es war wahrscheinlich der Tod.

And then I saw the earth open beside me.
I saw the earth open and a huge river form.
A giant anaconda wanted to swallow me.
What was it? It was probably death.

PARA LA COCA

Zweikanal-Installation / Two-channel installation, 14 Min. / mins., 2024
Gemeinsam verfasst mit / Co-authored with Cristobal Gómez Abel

Auf Initiative von Cristobal Gómez Abel befasst sich *Para la Coca* mit einem Ursprungsmythos der Murui, der sich auf ein überliefertes Gesetz bezieht und die Ethik vermittelt, die dem Gebrauch der Kokapflanze zugrunde liegt. In diesem Mythos ist die Pflanze eine Person, eine Gottheit in der Gestalt eines Mädchens, das ihren Vater und die Gemeinschaft den „richtigen Gebrauch“ der Pflanze lehrt. Die Arbeit trägt diese Botschaft weiter, um sich für die Entkriminalisierung der Pflanze auszusprechen.

At the initiative of Cristobal Gómez Abel, *Para la Coca* revisits a Murui myth of origin, which is based on an ancestral law that teaches us about the ethics that the coca plant use implies. In this myth, the plant is a person, a deity taking the form of a girl who teaches her father and community the “right use” of the plant. This work shares this message to advocate the decriminalization of the plant.

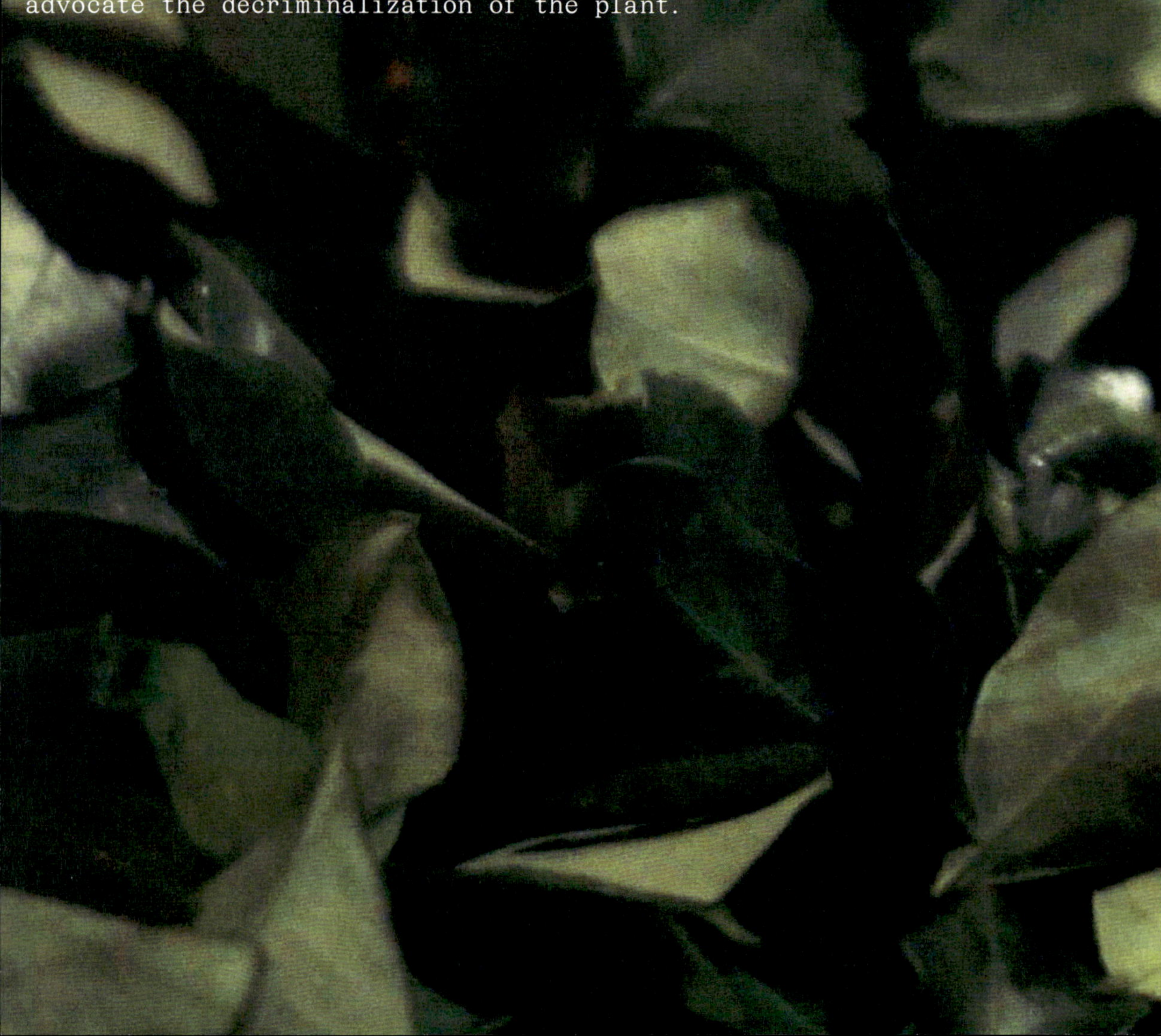

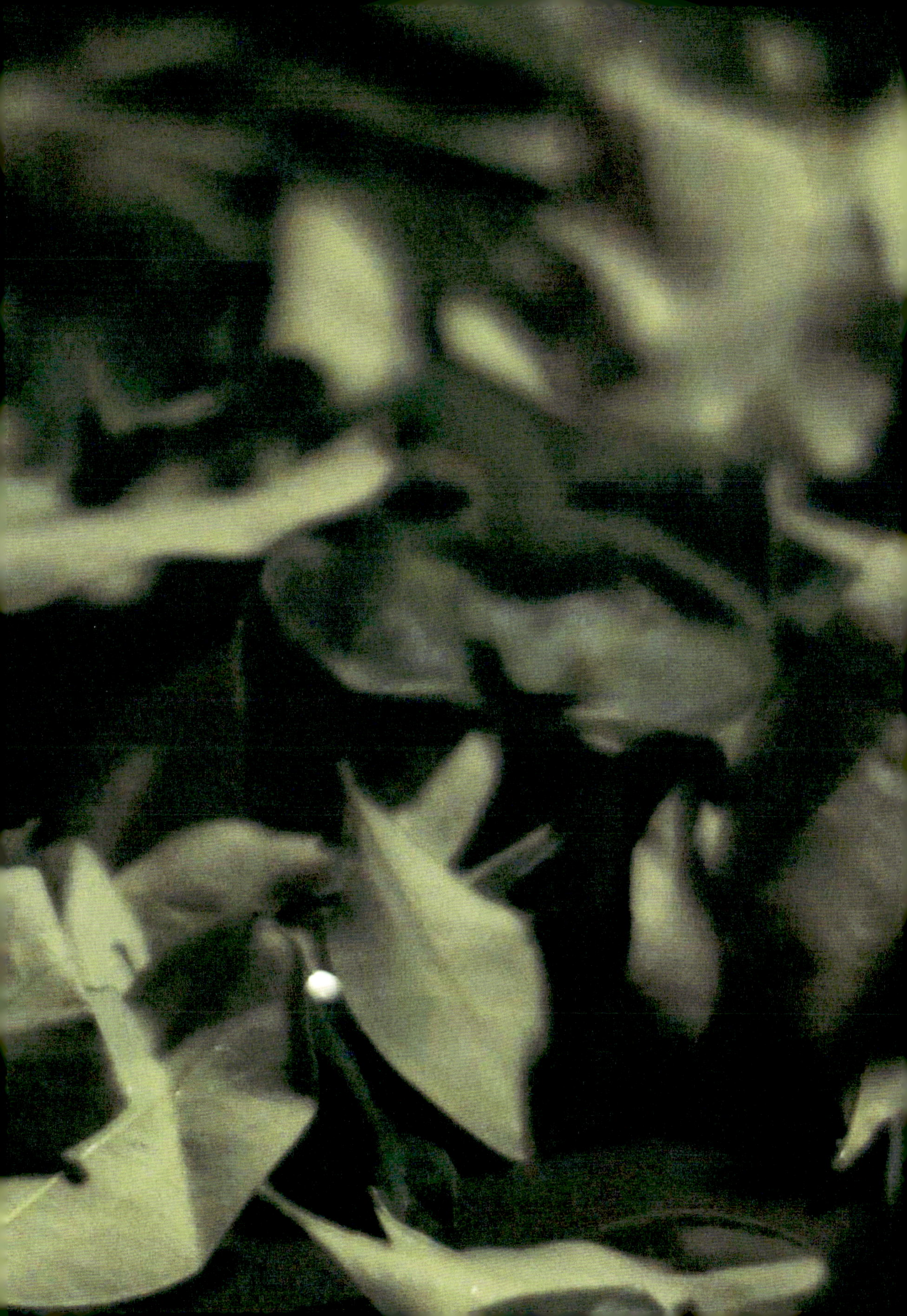

Viele Spanier sind durch den Handel mit diesem Kraut reich geworden und werden es immer noch. Dennoch haben sich einige Leute, die diese Tatsache ignorieren, mündlich und schriftlich stark gegen diesen kleinen Strauch ausgesprochen, nur durch die Tatsache bewegt, dass die Heiden in früheren Zeiten ihren Götzen etwas Koka geopfert haben, wie es einige Zauberer und Wahrsager immer noch tun. Aus diesem Grund wird gefordert, dass der Konsum von Koka vollständig unterbunden und verboten werden sollte.

Padre Valera, zitiert nach Inca Garcilaso de la Vega, 17. Jahrhundert

Many Spaniards have grown rich – and continue to do so – on trafficking this herb. Nevertheless, some people, ignoring these facts, have spoken and written strongly against this little bush, moved only by the fact that in former times the heathens offered some coca to their idols, as some wizards and diviners still do. Because of this it is maintained that the use of coca should be completely suppressed and prohibited.

Padre Valera, cited by Inca Garcilaso de la Vega, seventeenth century

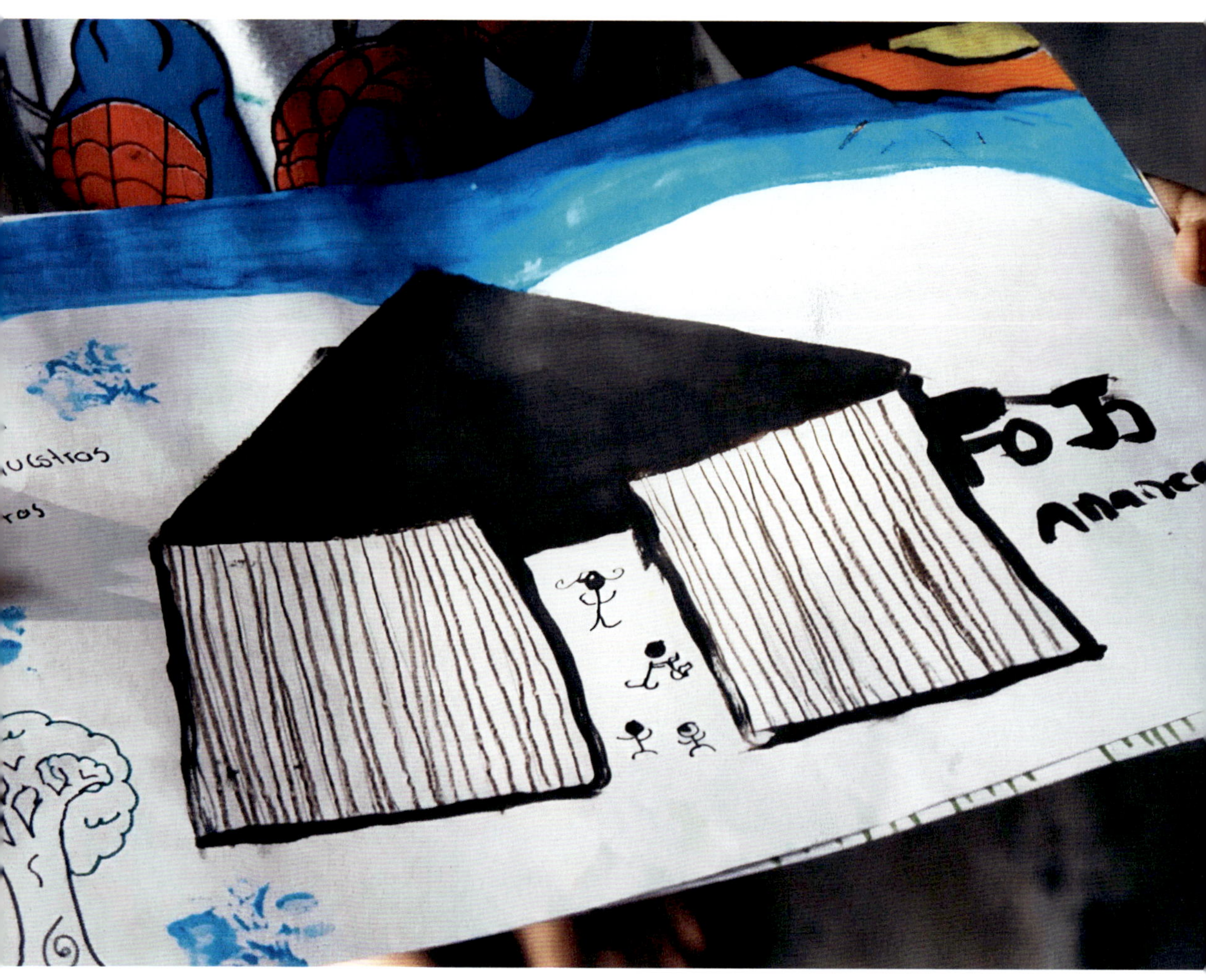

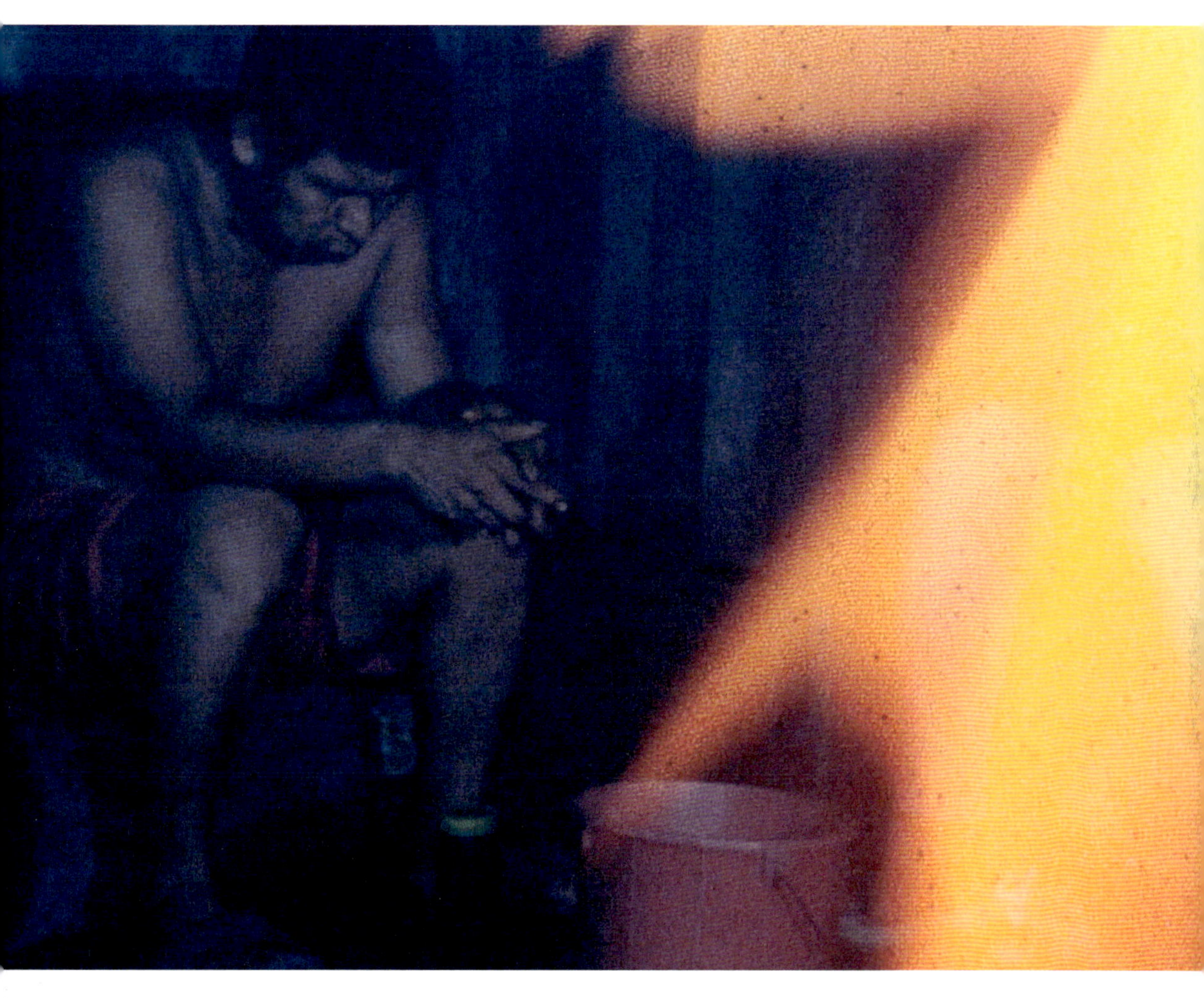

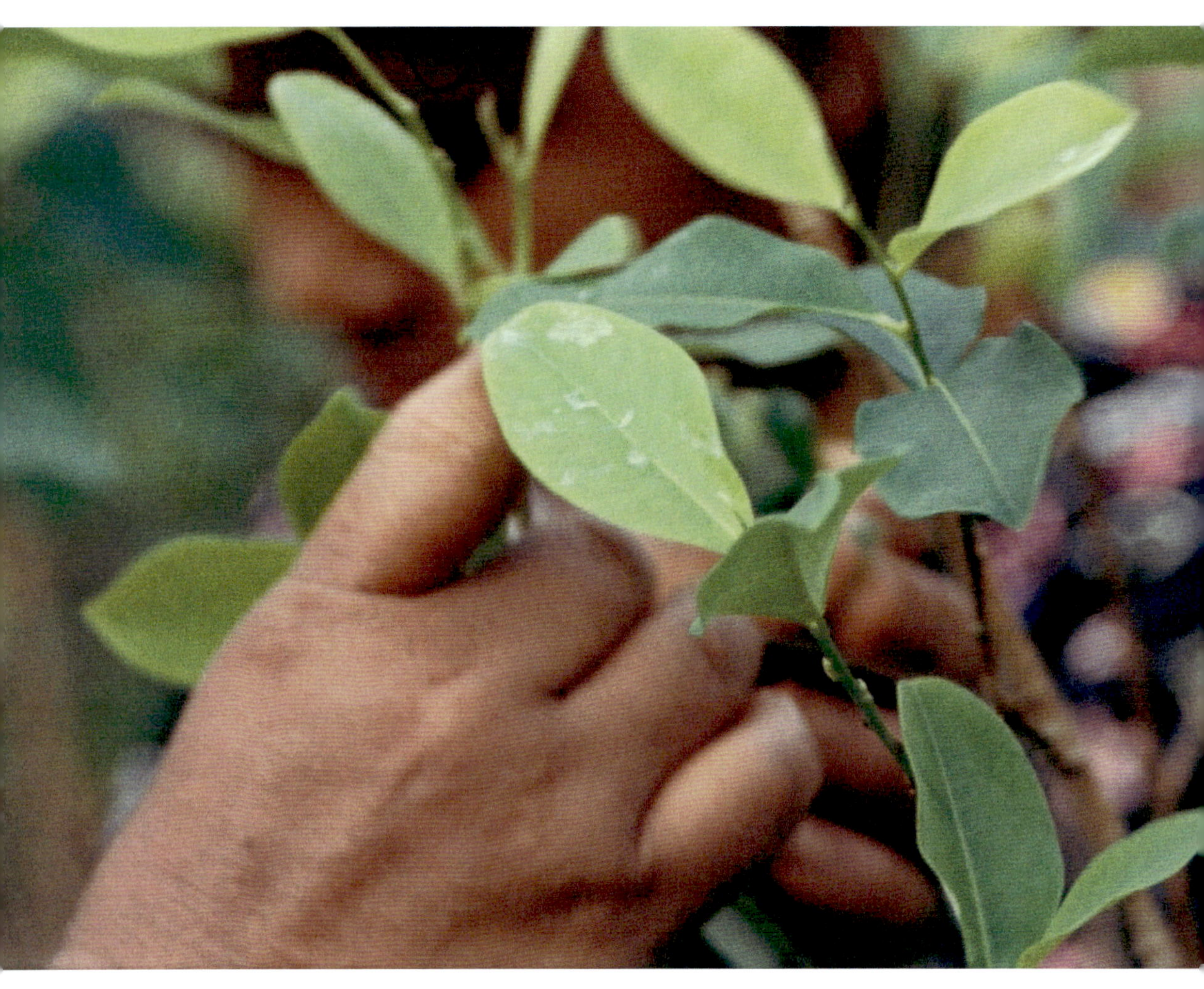

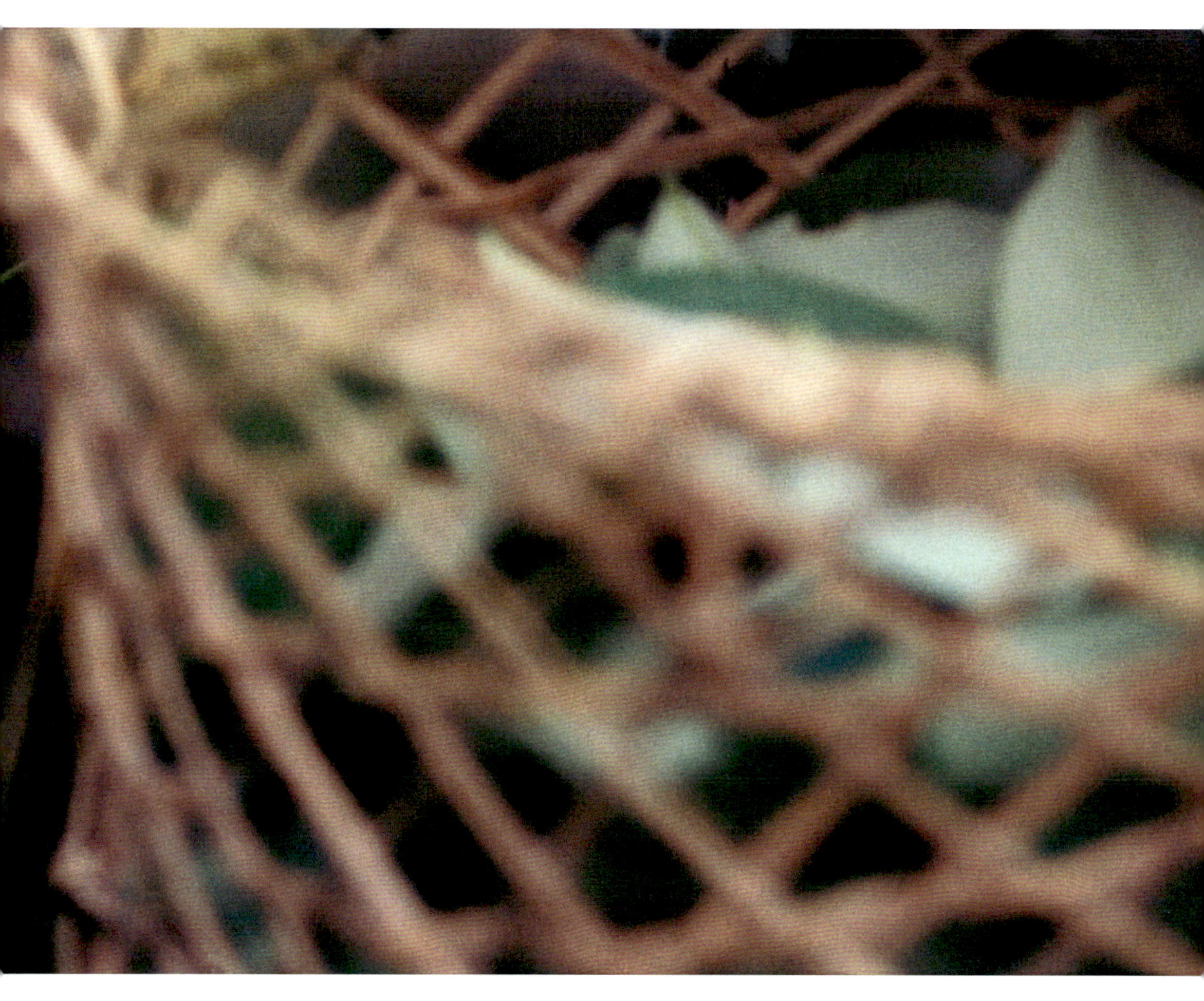

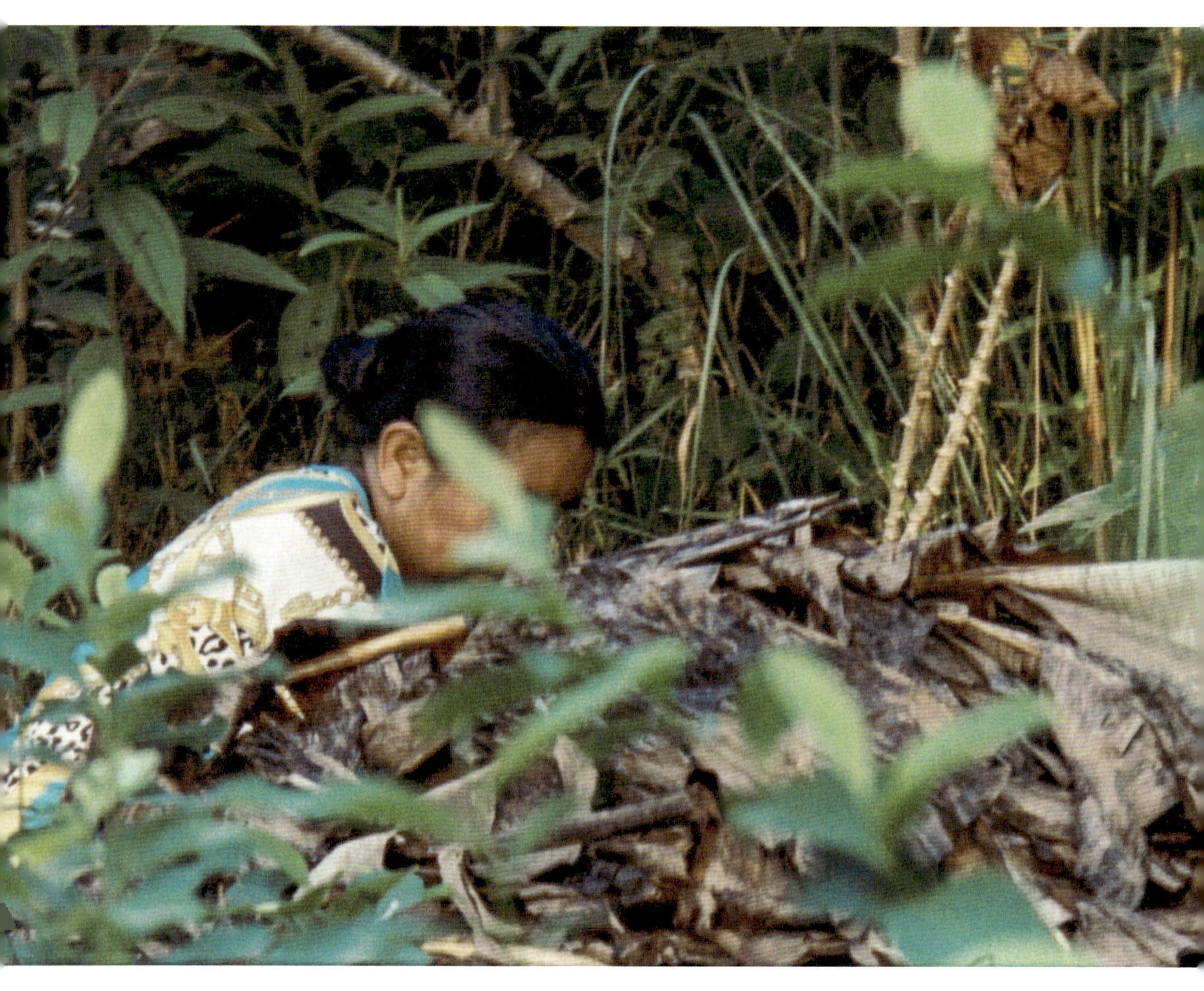

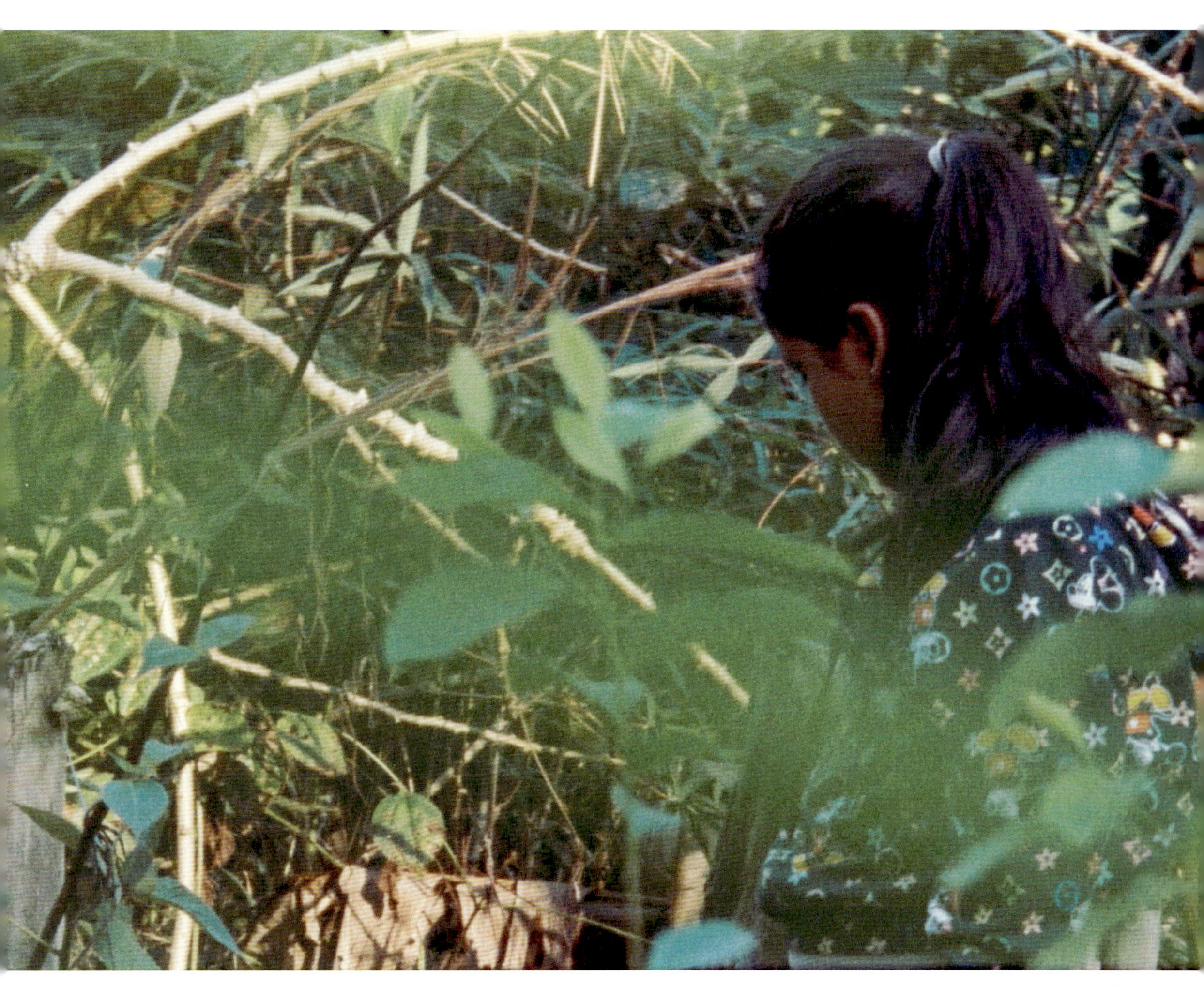

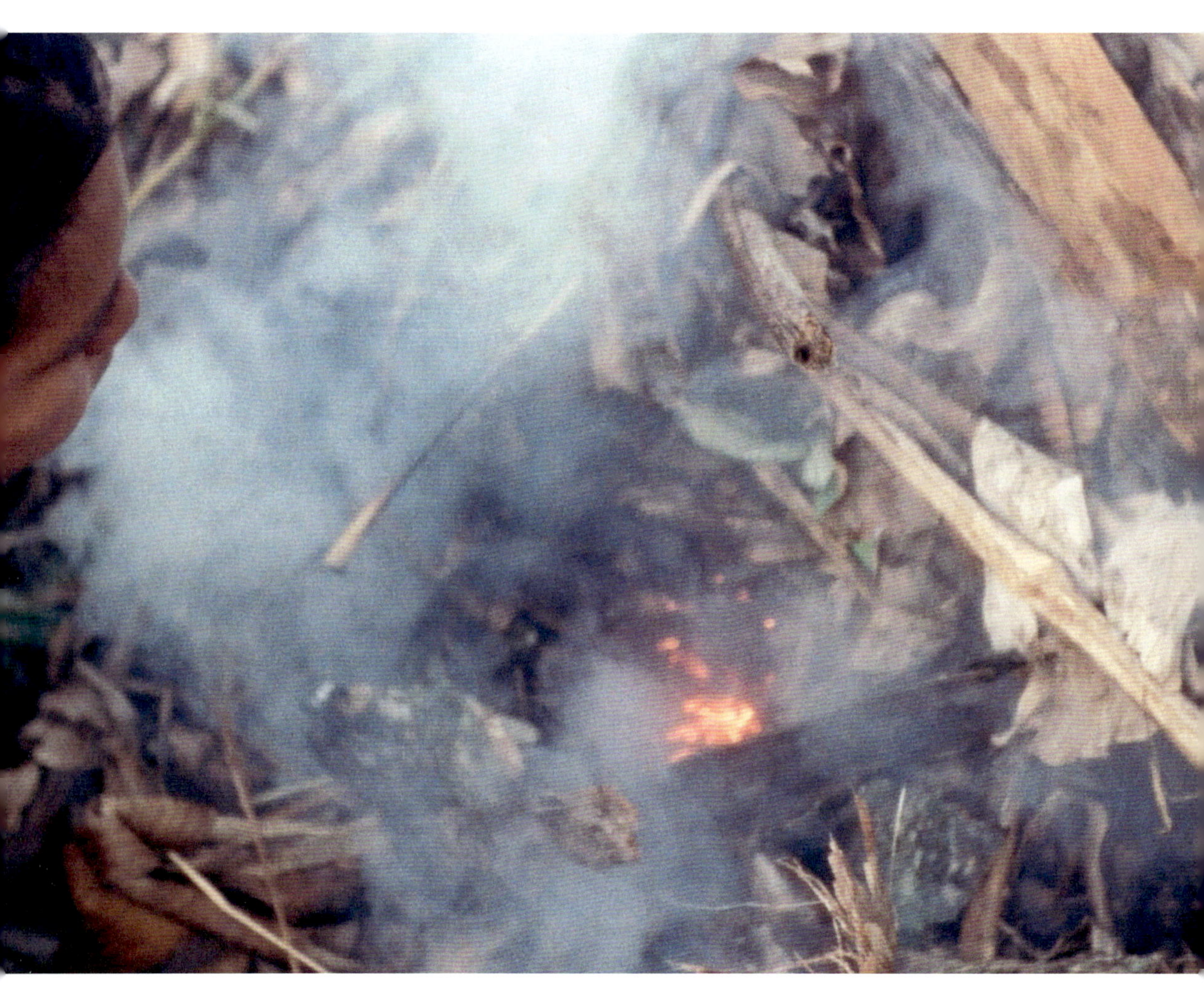

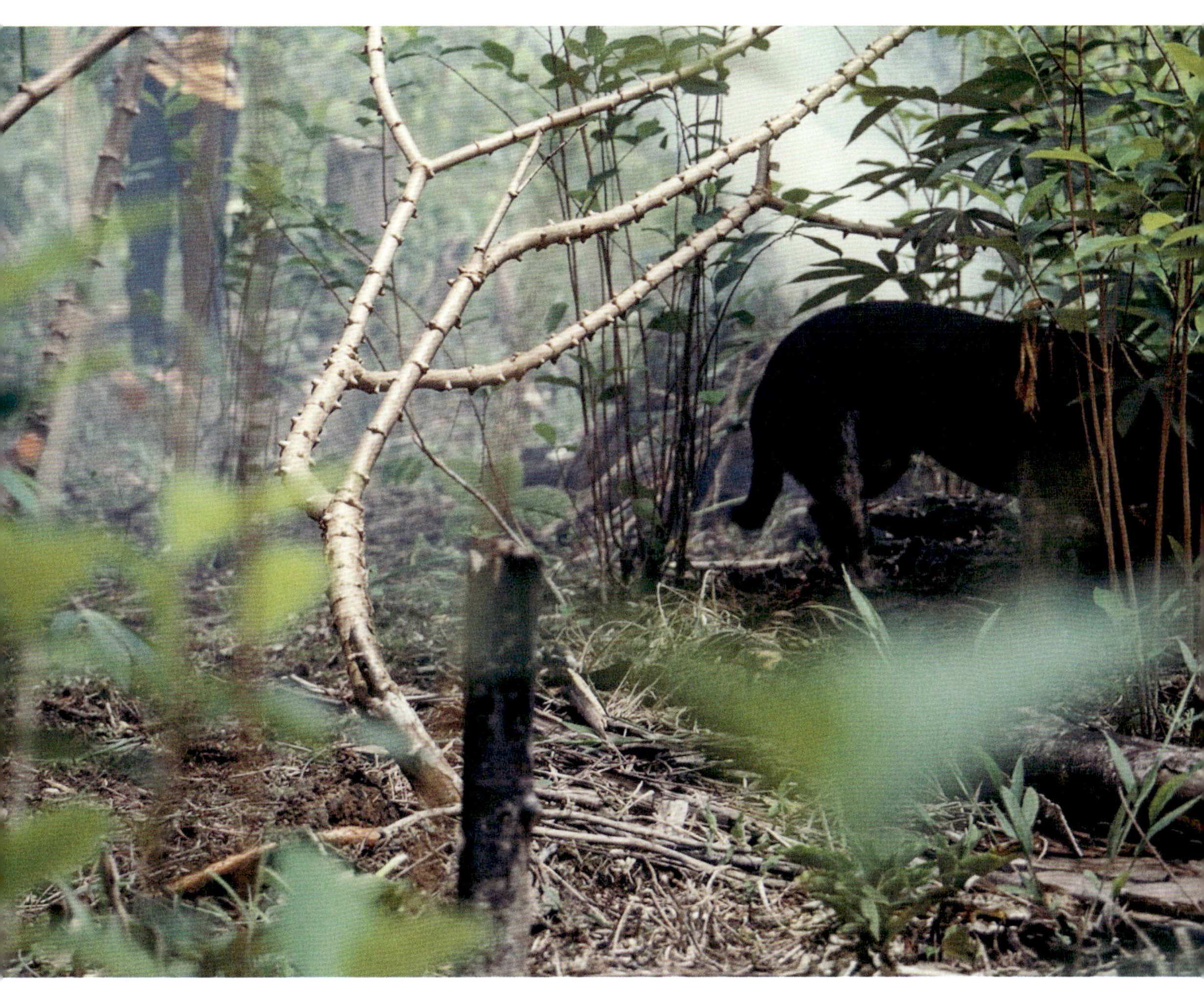

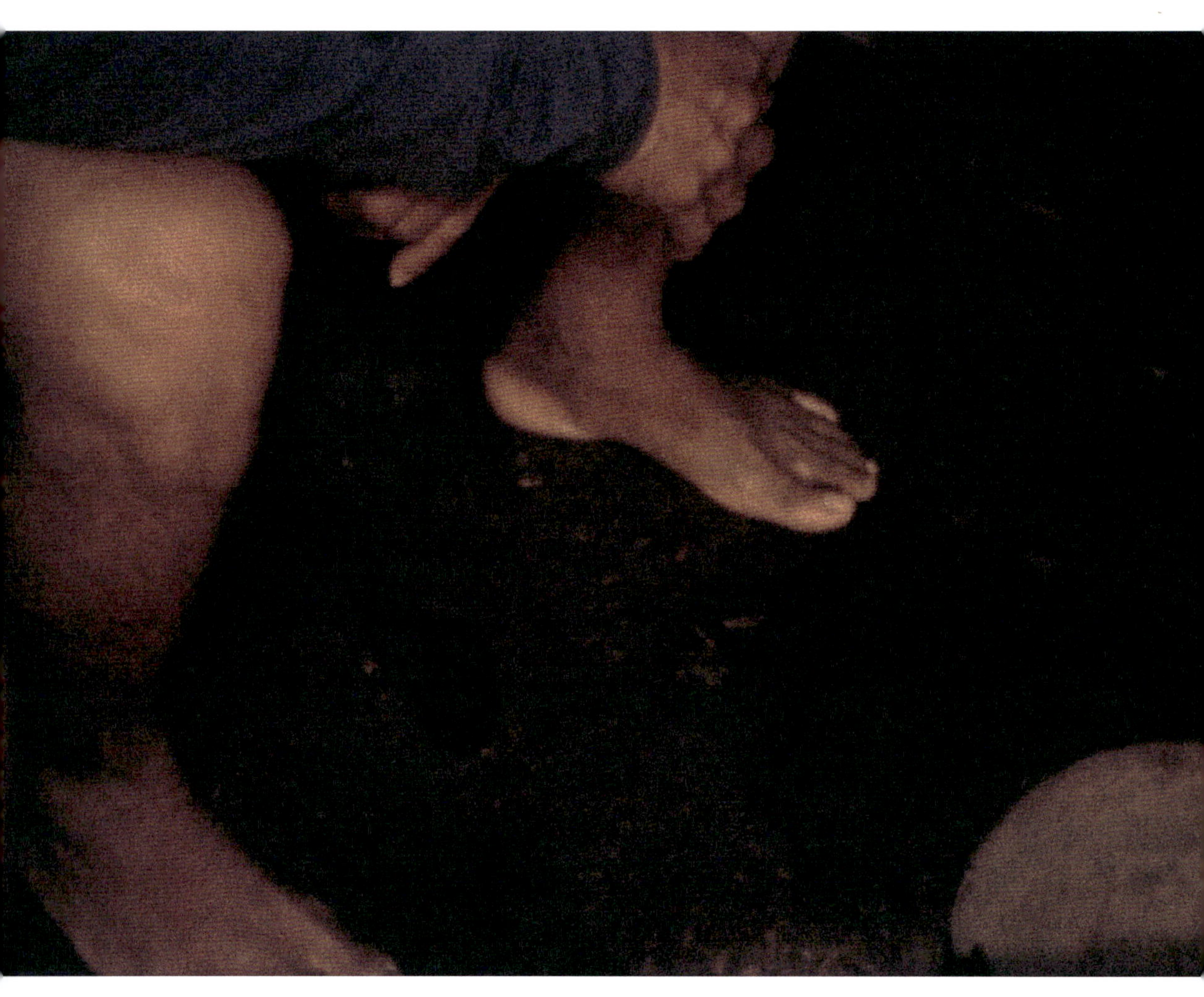

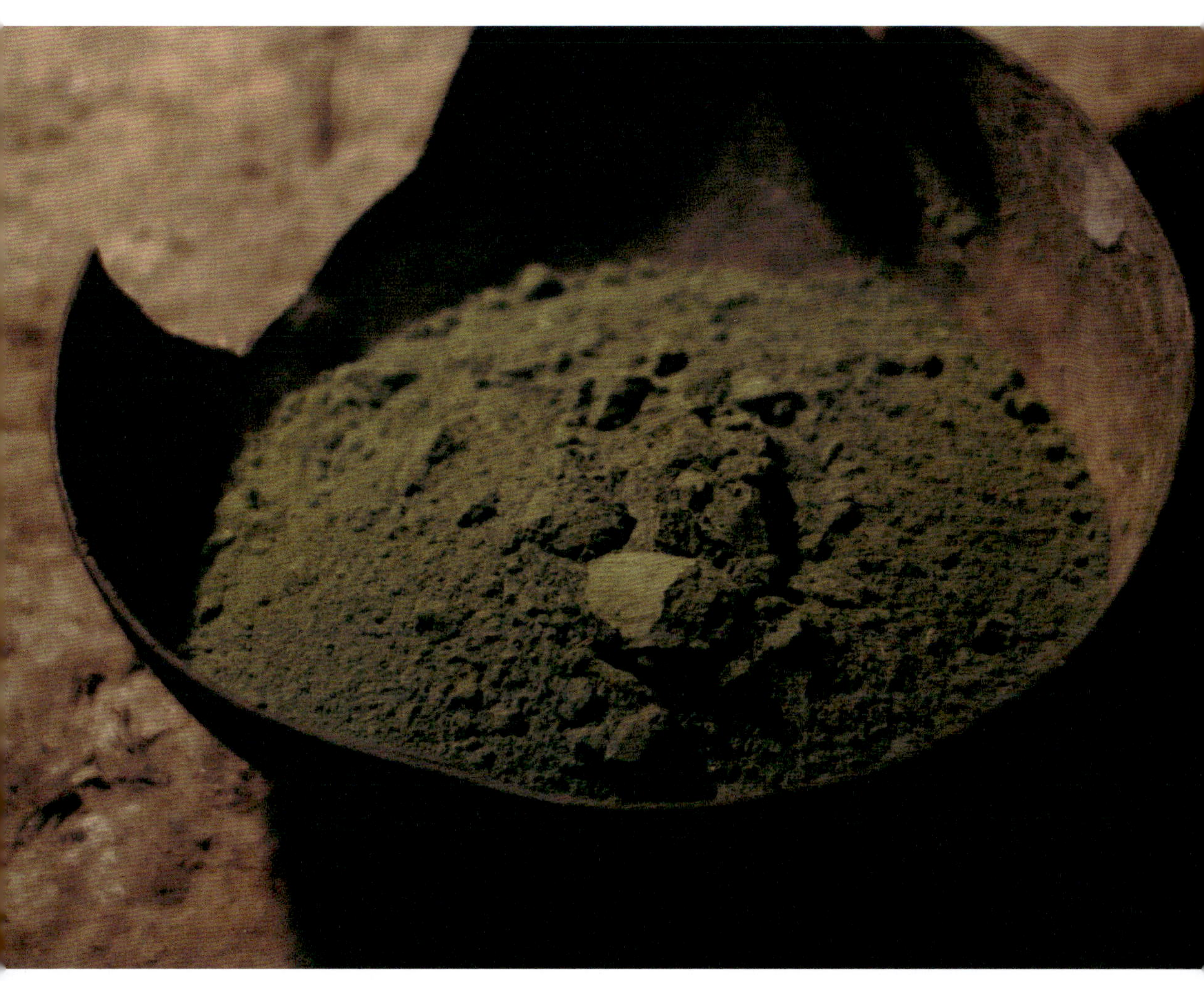

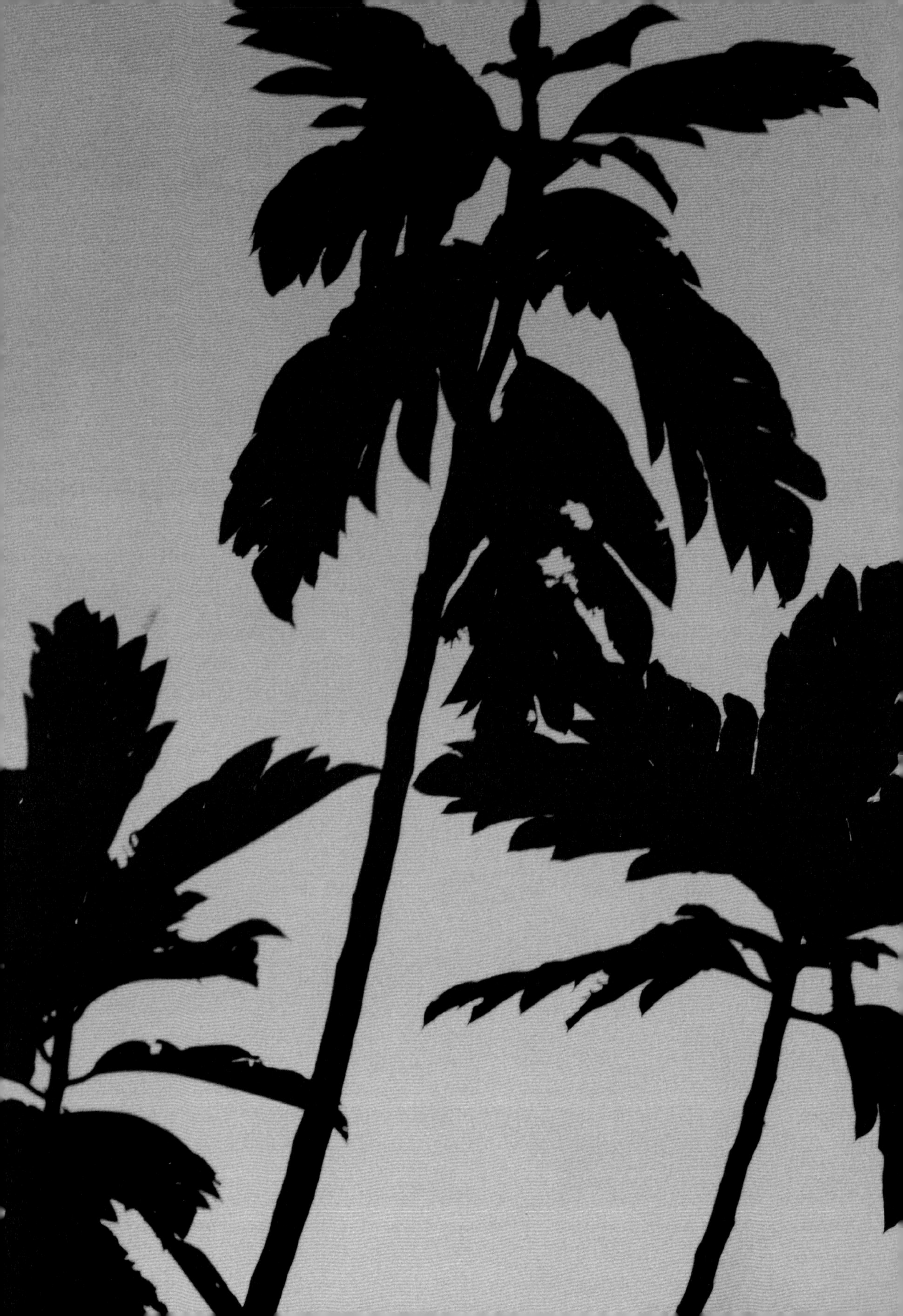

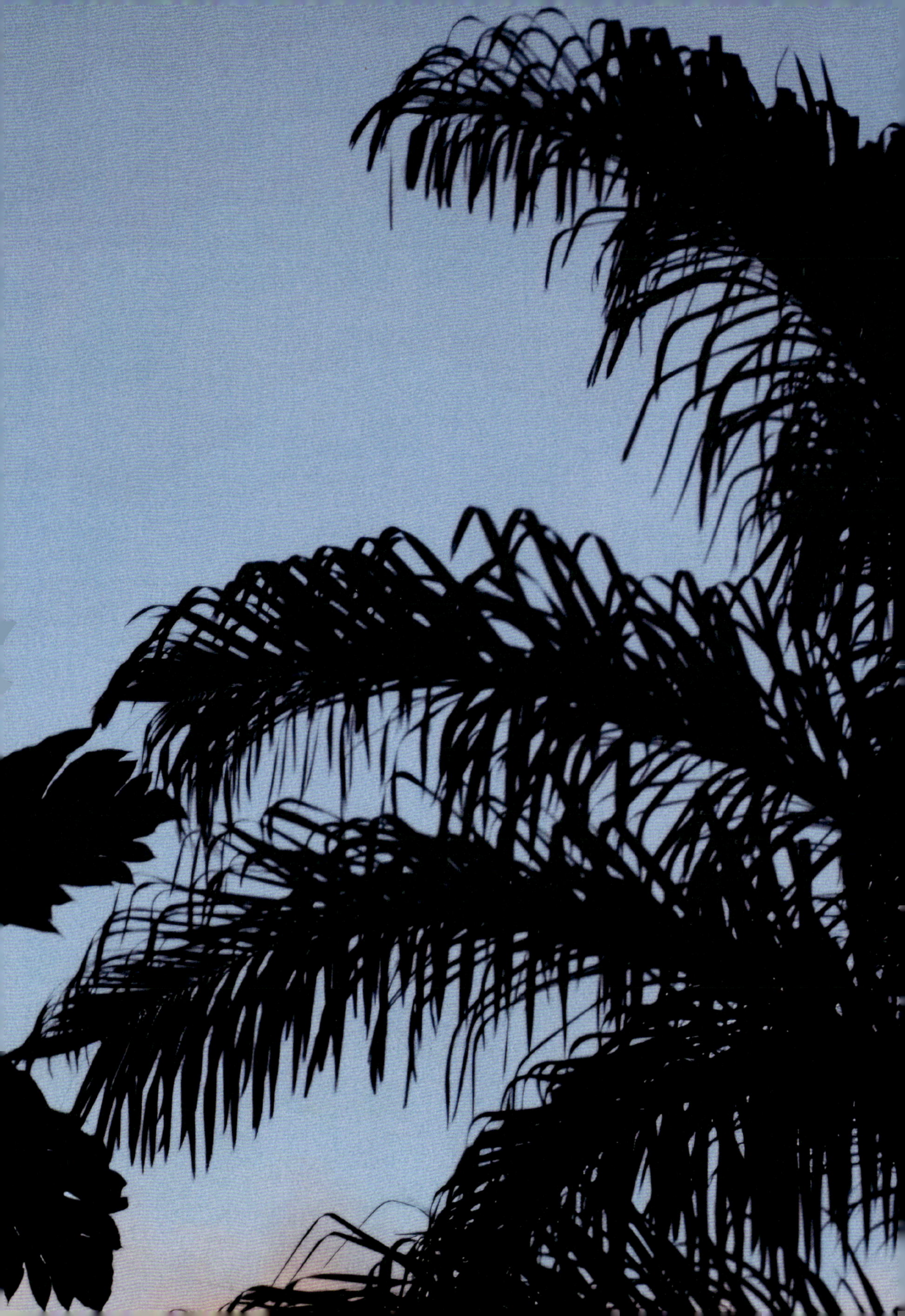

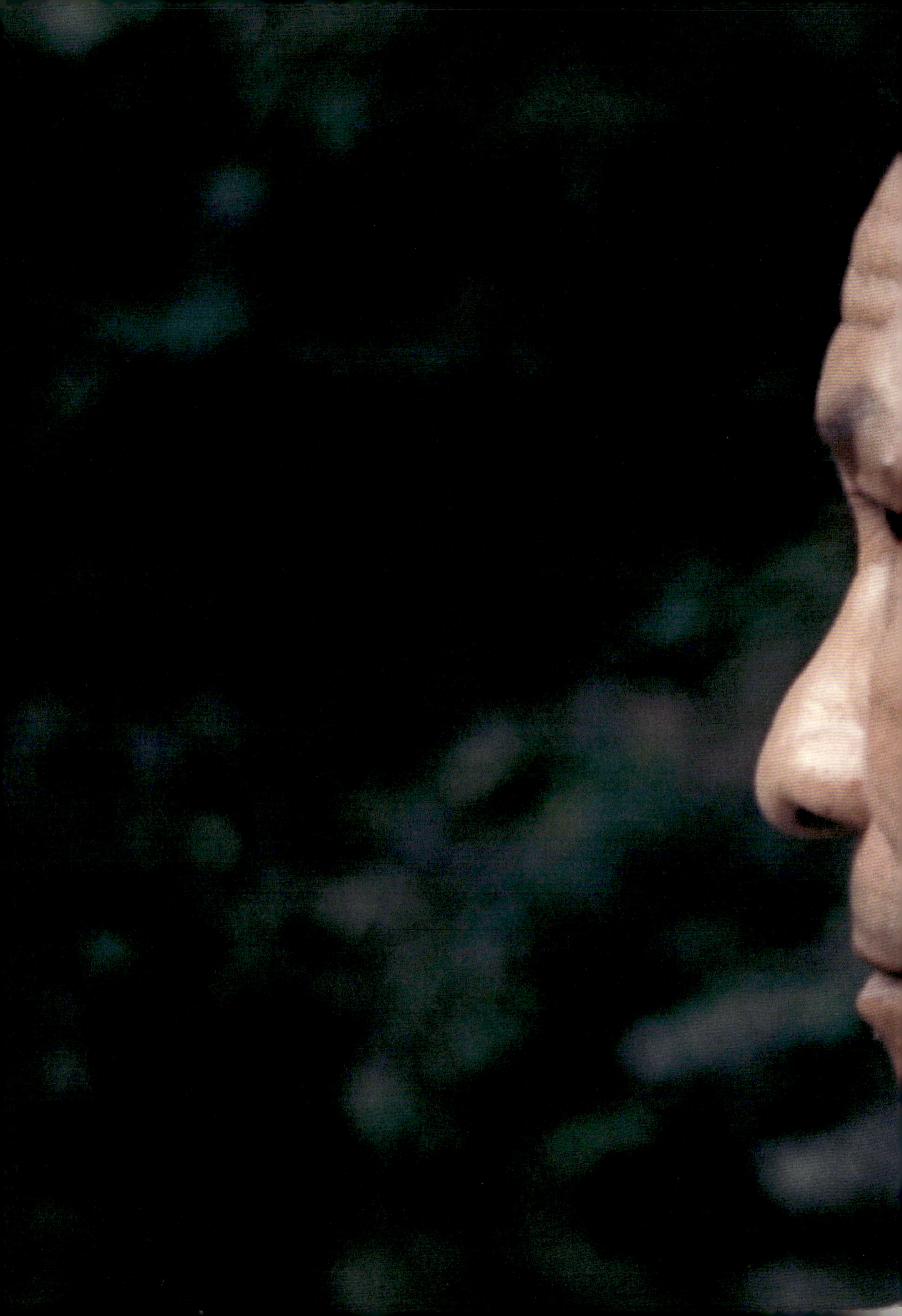

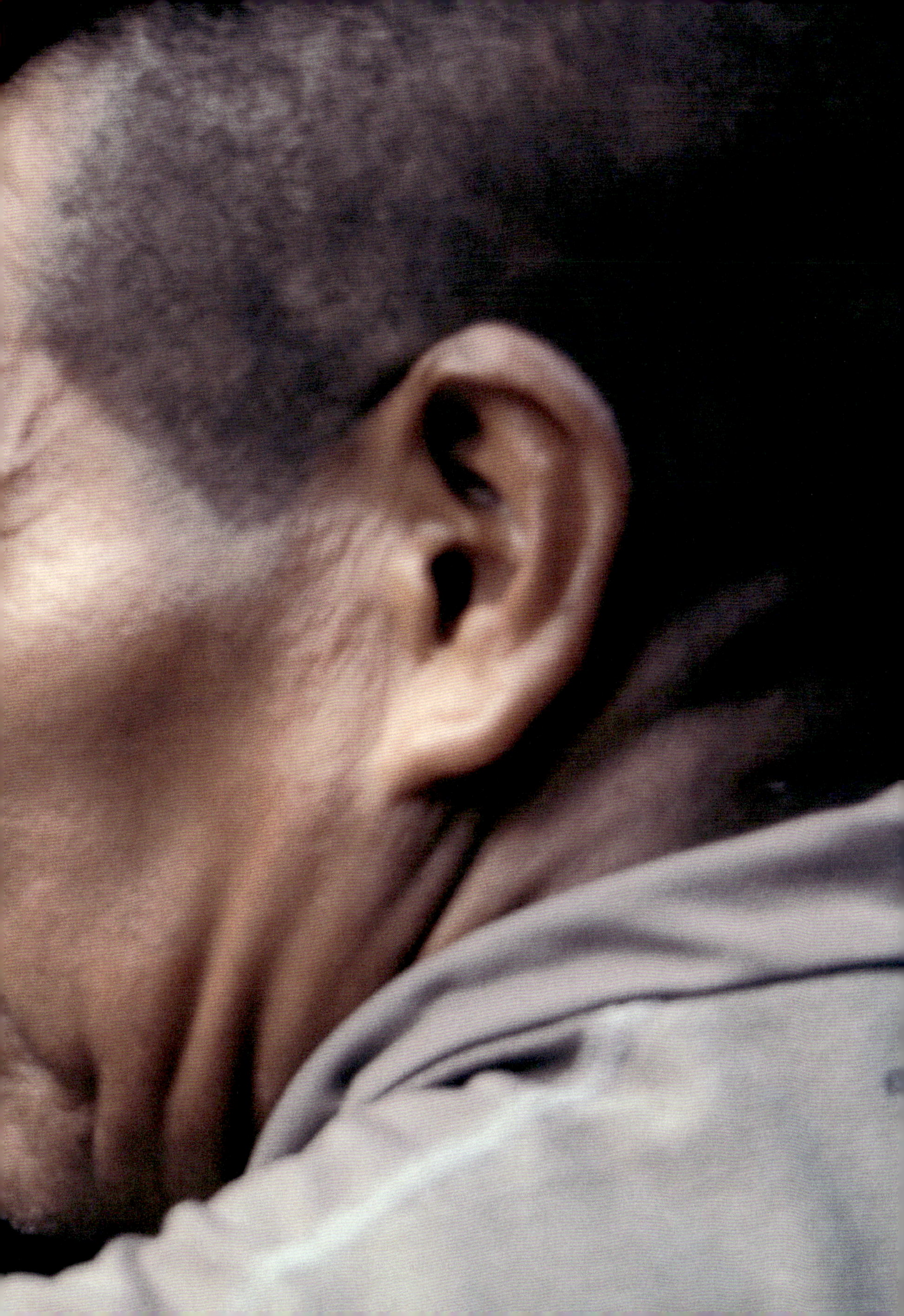

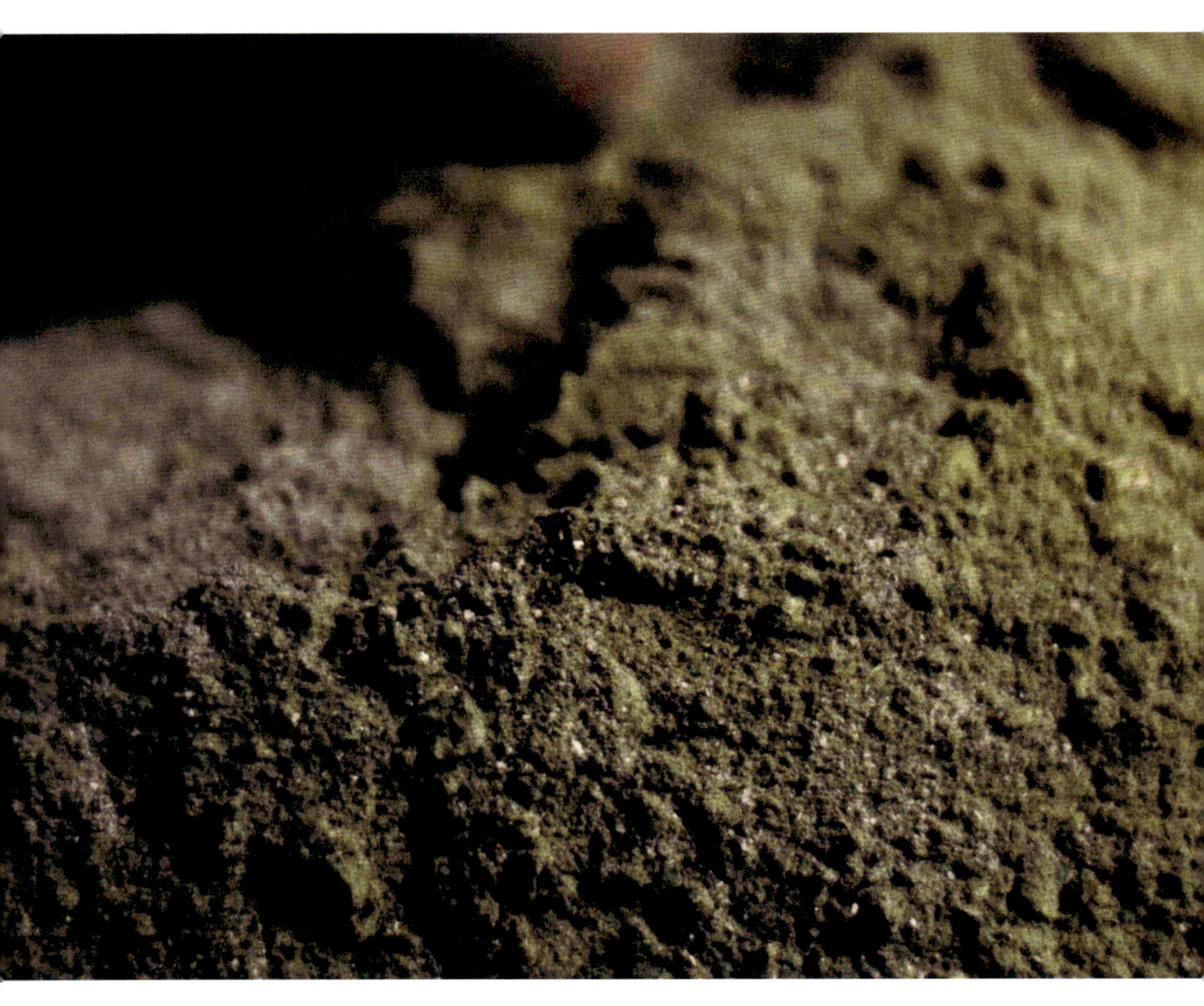

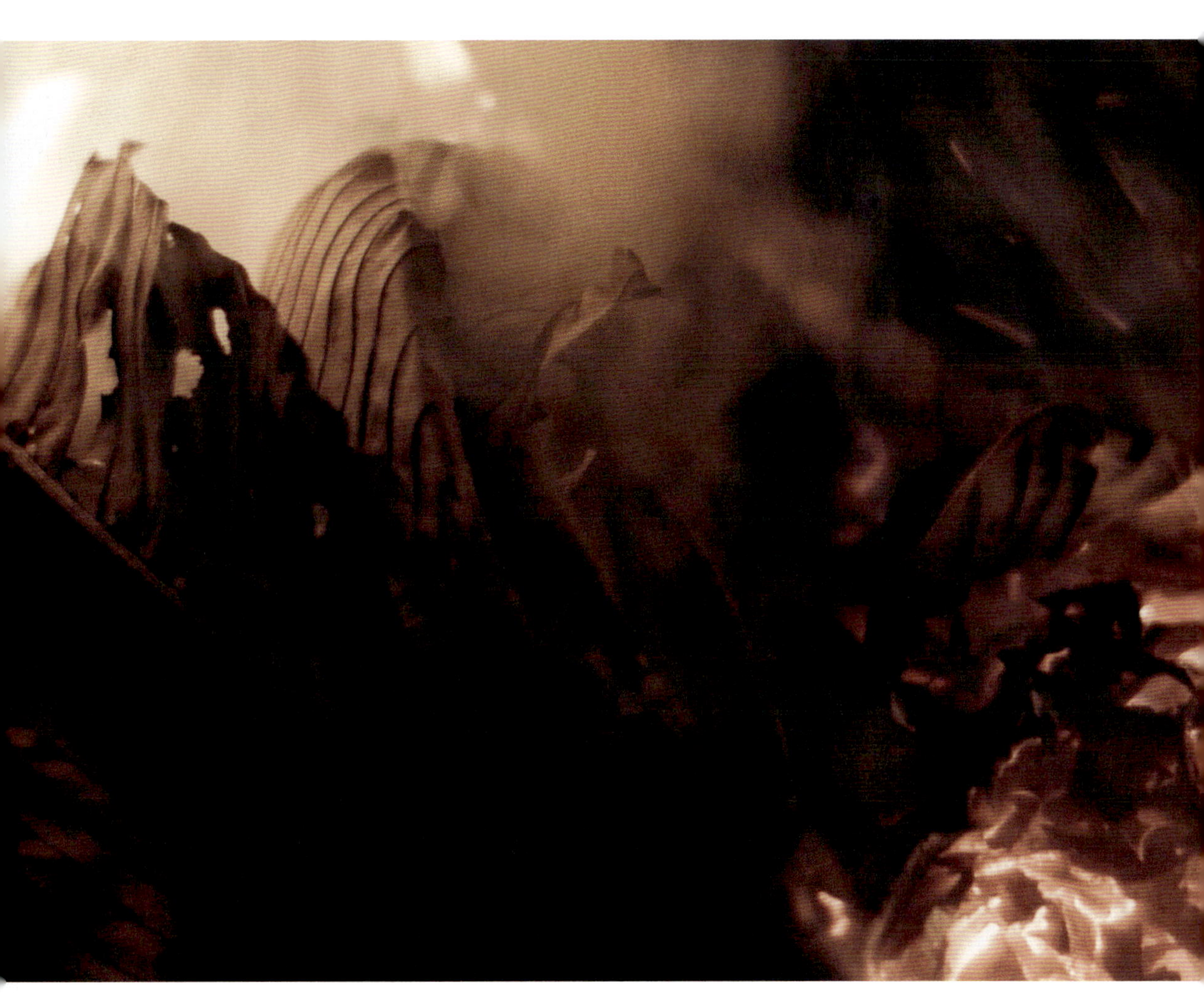

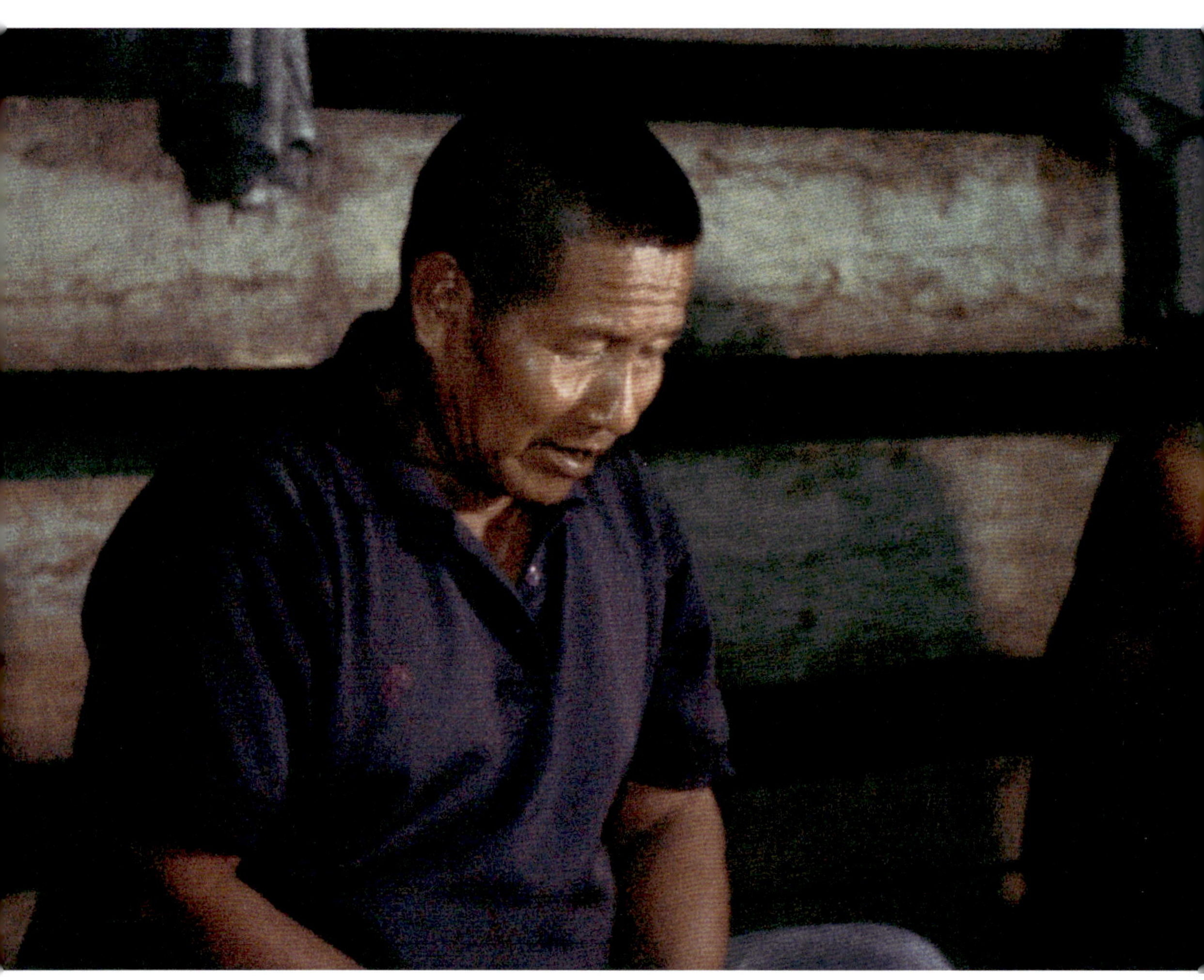

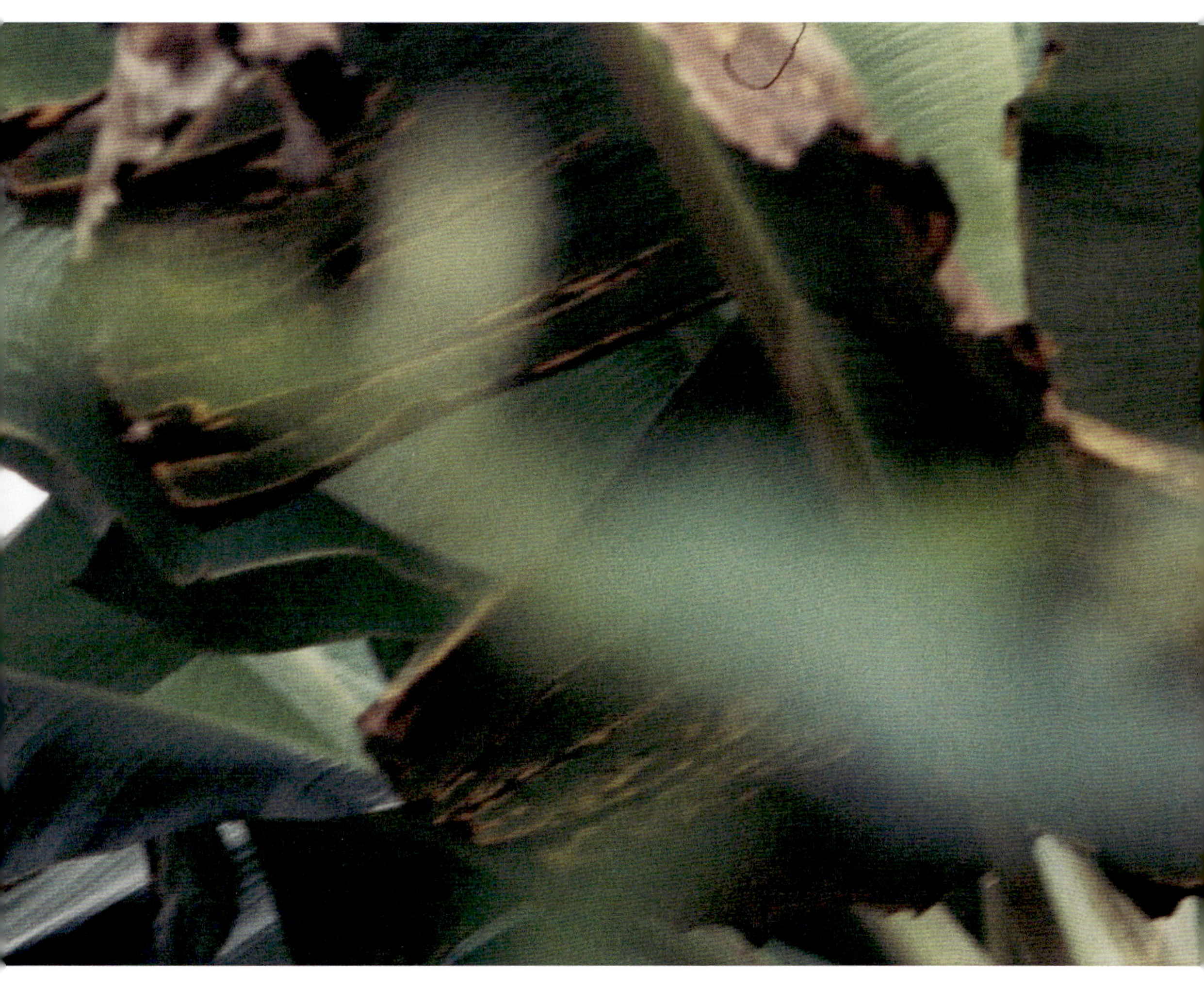

FOTOGRAFIE NACH DER NATUR

Katharina Täschner

Was bedeutet es, in einer Zeit »nach der Natur« zu leben? Lange galt Natur als all jenes, was ohne menschliches Zutun existiert: lebende Organismen, geologische Formationen, Gewässer, die Atmosphäre und die Gesamtheit der biologischen Prozesse, die in der Umwelt am Werk sind. Es zählt zu den schmerzlichen Einsichten der letzten Jahre, dass es sich bei der allgemein angenommenen Universalität des Begriffs »Natur« um einen Trugschluss handelt. Weder lassen sich in den verschiedenen Regionen der Welt deckungsgleiche Vorstellungen von Natur feststellen noch kann die Prämisse einer von menschlicher Aktivität unabhängig bestehenden Natur aufrechterhalten werden. Die Auseinandersetzung mit der Geschichte der Klimakrise zeigt: Vorstellungen von Natur sind relational, historisch gewachsen, von diversen Interessen geprägt – und nicht zuletzt durch Bilder beeinflusst.[1]

Vor diesem Hintergrund machen es sich aktuell zahlreiche Künstler:innen und Forscher:innen zur Aufgabe, zu einem besseren Verständnis des ambivalenten Verhältnisses zwischen technischen Bildgebungsverfahren und Natur beizutragen. Während wissenschaftliche Daten und Prognosen im Rauschen der globalen Multikrisen immer wieder aufs Neue überhört zu werden drohen, scheinen es Bilder zu erlauben, unmittelbarer über den Zustand des Planeten zu kommunizieren. Wie jüngst die Ausstellungen *Mining Photography* (2022, Museum für Kunst und Gewerbe, Hamburg) und *Image Ecology* (2023, C/O Berlin) gezeigt haben, ist die Bildproduktion jedoch selbst auf vielfältige Weise in die aktuelle Krise verwickelt. So wurde der Aufstieg von Fotografie und Film zu Massenmedien maßgeblich durch die wachsende fossile Brennstoffwirtschaft begünstigt und basiert bis heute auf einem globalen Rohstoffhandel, der mit massiven Konsequenzen für Mensch, Tier und Umwelt einhergeht.[2] Doch auch jenseits dieses materialitätsbasierten Ansatzes erlaubt eine ökologisch informierte Betrachtung, die visuellen Mechanismen nachzuvollziehen, anhand derer sich Vorstellungen von Natur manifestieren. Natur als fragiles Ökosystem, Natur als Ausdruck planetarer Kräfte, Natur als Quelle von Ressourcen, Natur als frei verfügbares Land und nicht zuletzt Natur als Hort von Schönheit und Vorbild der Kunst – dies sind nur einige der Konzepte, die mit eigenen visuellen Codes einhergehen. Erst im Bewusstsein dieser Repräsentationsstrategien erschließt sich, wie fotografische Bilder sowohl den Blick auf die Ursachen der Klimakrise verschleiern als auch vielfältige Perspektiven auf eine »anthropogene Natur«[3] der Zukunft eröffnen können. Eine ökologische Geschichte der Fotografie leistet somit mehreres zugleich. Sie generiert

PHOTOGRAPHY AFTER NATURE

Katharina Täschner

What does it mean to live in a period after nature? Nature has long been considered everything that exists without human intervention: living organisms, geological formations, bodies of water, the atmosphere, and all the biological processes that are at work in the environment. One of the distressing realizations of recent years is that the generally accepted universality of the term nature is a fallacy: it is just as impossible to find congruent concepts of nature in the various regions of the world as it is to believe that there is such thing as nature existing independently of human activity. An examination of the history of the climate crisis reveals that concepts of nature are relational, have developed over time, are shaped by diverse interests, and – not least of all – are influenced by images.[1]

With this in mind, many artists and scholars are currently taking it upon themselves to contribute to a better understanding of the ambivalent relationship between image-making technologies and nature. While the background noise of global multicrises repeatedly threatens to drown out scientific data and prognoses, this appears to give images the ability to communicate more directly about the state of the planet. As the exhibitions *Mining Photography* (2022, Museum für Kunst und Gewerbe Hamburg) and *Image Ecology* (2023, C/O Berlin) have shown, in many ways the production of images is actually involved in the current crisis. For example, the advancement of photography and film to mass media was decisively facilitated by the growing fossil fuel economy and continues to be based on the global trade of resources that has tremendous consequences for humans, animals, and the environment.[2] Yet even more than a material-based approach, an ecologically informed examination encourages us to understand the visual mechanisms that manifest concepts of nature. Nature as a fragile ecosystem, nature as the expression of planetary forces, nature as the source of resources, nature as readily available land, and, finally, nature as a haven of beauty and a model for art – these are just a few of the concepts behind the visual codes. Only when we are aware of these strategies of representation does it become apparent how photographic images can both blur our view of the causes of the climate crisis and open up a wide range of prospects for the "anthropogenic nature"[3] of the future. An ecological history of photography accomplishes several things at once: it generates points of reference for new artistic approaches, allows for updated access of already known material, and ultimately supplements existing histories of ecologically engaged image practices with a perspective relating to media theory.[4]

Anknüpfungspunkte für neue künstlerische Ansätze, ermöglicht aktualisierte Zugriffe auf bereits bekannte Materialien und ergänzt schließlich bestehende Geschichten ökologisch engagierter Bildpraktiken um eine medientheoretische Perspektive.[4]

EINE FORMULIERUNG, ZWEI LESARTEN

Im Diskurs um die zeitgenössische Kunst knüpft die Formel »nach der Natur« in der Regel an die eingangs skizzierte Feststellung an, dass die Vorstellung von einer »ursprünglichen« Natur auf der einen und einer »geformten« Kultur auf der anderen Seite im 21. Jahrhundert nicht mehr trägt.[5] Sie artikuliert das Gefühl des Umschlagens von einem Davor in ein Danach, wobei die genaue Bruchlinie nur schwer zu bestimmen ist. »Nach der Natur« bedeutet in diesem Fall die Kartierung eines Terrains, das aufgrund der Verschiebung einer grundlegenden Kategorie von zahlreichen Unbekannten durchzogen ist. Hier erweist sich Natur als »herrschende Abstraktion«, in der sich imperiale Ansprüche manifestieren, als »hypertechnische[s] Zeitalter der kommenden Menschen« oder gar als Konzept, das einem ökologischen Denken im Wege steht.[6] In der Geschichte der Kunst und später auch der Fotografie hat die Formulierung »nach der Natur« jedoch eine zusätzliche Bedeutung. Sie knüpft an das Prinzip der Mimesis an, das die Natur – keineswegs auf die vegetabile Umwelt beschränkt – zum Vorbild der Künste erhebt.[7] Hiermit ist die Transformationsleistung angesprochen, die Künstler:innen mit der Übertragung der Wirklichkeit in ein Bild erbringen. Durch die Kamera und die fotochemischen Prozesse der Bildentwicklung wird diese Umwandlung zu einem vermeintlich objektiven Vorgang. Wenn sich »Fotografie nach der Natur« im 19. Jahrhundert also zu einem geläufigen Zusatz auf den Montagekartons kommerziell vertriebener Abzüge entwickelt, spiegeln sich hierin nicht nur Referenzen auf eine bis in die Antike zurückreichende künstlerische Theoriebildung, sondern auch Erwartungshaltungen an das fotografische Bild. Im Sinne einer ökologischen Geschichte der Fotografie möchte ich im Folgenden den Versuch unternehmen, beide Lesarten miteinander zu verbinden, und die Frage stellen: Was gibt eine historische »Fotografie nach der Natur« heute zu erkennen?

ÉTUDE D'APRÈS NATURE

Die bereits aus der bildenden Kunst bekannte *Étude d'après nature*, die Studie nach der Natur, entwickelte sich im 19. Jahrhundert zu einer fotografischen Bildform, die sich vornehmlich durch ihren Gebrauch auszeichnete. Es handelt sich um Vorlagen für die Produktion von Gemälden, die sowohl als Ausgangspunkt für die kompositorische Gesamtanlage als auch für einzelne Bildelemente dienen konnten. In dieser Funktion stand die fotografische *Étude d'après nature* in einer langen Tradition der akademischen Kunstausbildung, in der das Studium historischer Vorbilder eine zentrale Rolle einnahm. Sie teilte mit der zeichnerischen oder

ONE WAY OF WORDING IT, TWO WAYS OF READING IT

In contemporary art discourse, the phrase *after nature* is generally related to the duality of "unspoiled" nature and "shaped" culture that is no longer valid in the twenty-first century, as outlined at the beginning of this essay.[5] It articulates the feeling of a change from "before" to "after" in which the point of rupture is difficult to pinpoint. In this case, *after nature* means the mapping of a terrain that due to the shifting of a basic category is imbued with numerous unknown factors. Nature turns out to be a "ruling abstraction" in which imperial claims are manifested, as a "hypertechnical age of humans of the future," or even as a concept that stands in the way of ecological thinking.[6] In the history of art and later in the history of photography, the phrase *after nature* has an additional meaning that is linked to the principle of mimesis, which elevates nature – hardly limited to the plant environment – to the model of art.[7] This addresses the transformation that artists achieve by transferring reality to a picture. Through the camera and the chemical processes of developing, this transformation becomes an allegedly objective procedure. The common nineteenth-century practice of inscribing the phrase *photograph after nature* on the mounts of commercially produced prints not only reflects references to a development of theory that goes back to antiquity but also viewers' expectations of photographic images. In this essay, I would like to try to bring together both readings in the spirit of an ecological history of photography and examine what a historical *photograph after nature* can reveal to viewers today.

ÉTUDE D'APRÈS NATURE

Nature studies, already known in the visual arts as *études d'après nature*, developed in the nineteenth century into a form of photographic image that was primarily seen as useful. Utilized as reference material for producing paintings, they were the starting point for the overall composition as well as for individual elements. In this function, the photographic *étude d'après nature* was part of a long tradition of academic art education in which the study of historical models had a central role. Like drawn or painted studies, its purpose was to directly examine a particular motif and capture it for subsequent further development. Studies after nature "are stages in the process of image formation, incomplete semi-finished products, preliminary studies and sketches for an image that still remains to be created."[8] Starting in the mid-nineteenth century, even outside of France, a market was established for entire series that were not only conceived for individual use but were also utilized for teaching at art and vocational schools. Today, the study collections of academies convey – similar to the catalogs of photography studios – an impressive panorama of diverse motifs *after nature*

malerischen Studie den Anspruch einer unmittelbaren Anschauung eines Motivs, das bildnerisch erfasst und damit für die anschließende Weiterverarbeitung festgehalten wurde. Studien nach der Natur »sind Etappen auf dem Weg zur Bildwerdung, sind unfertiges Halbzeug, Vorstudien und Skizzen für ein Bild, das zuallererst noch zu schaffen ist.«[8] Auch außerhalb von Frankreich entstand so ab Mitte des 19. Jahrhunderts ein Markt für ganze Bildserien, die nicht nur für den Individualgebrauch vorgesehen waren, sondern auch Eingang in den Unterricht an Kunst- und Gewerbeschulen fanden. Deren Studiensammlungen vermitteln heute ebenso wie die Kataloge der fotografischen Vertriebe ein beeindruckendes Panorama der vielfältigen Motive, die »nach der Natur« zirkulierten: Landschaften, Architektur, Porträts, Objektstudien, Aktdarstellungen und Kunstreproduktionen sind nur die geläufigsten Formen der fotografischen *Étude d'après nature*.[9]

In ihrer formalen Präsentation entsprachen die Abzüge den Konventionen der Zeit (Abb. 1). Die Aufnahmen wurden nicht ohne Verarbeitung angeboten, sondern auf Karton aufgezogen und mit ergänzenden Informationen zu Fotograf:in, Verkaufsort oder Bildgegenstand versehen. Zu diesen »Paratexten«[10] der kommerziell vertriebenen Fotografie zählt auch die Formel »Fotografie nach der Natur«, die meist in einer ähnlichen Größe wie die Fotograf:innenangabe unterhalb des Abzugs positioniert wurde. Wie eine Handreichung zur Einordnung des Gesehenen verweist die Formulierung auf den intendierten Gebrauchszusammenhang der Aufnahme, markiert zugleich aber auch die angenommene Objektivität und Wahrhaftigkeit des fotografischen Bilds. Diese Überblendung einer an die klassische akademische Studie anknüpfenden Formulierung mit dem fotografischen Diskurs des 19. Jahrhunderts resultiert maßgeblich aus der besonderen Signifikanz, die dem Begriff »Natur« in diesem Zusammenhang zugeschrieben wurde: Sei es in William Henry Fox Talbots *Pencil of Nature* oder in den frühen Reaktionen auf die Präsentation der ersten Daguerreotypien in Paris – fotografische Bilder wurden ungeachtet des konkret angewandten Verfahrens als Ausdruck einer sich selbst ins Bild setzenden Natur aufgefasst.[11] In der Konsequenz galt die Fotografie auch weit über die Frühzeit des Mediums hinaus als ein Verfahren, das der Natur näherstand als die Malerei oder andere Formen der bildenden Künste. Da sich für viele Kommentator:innen des 19. Jahrhunderts zwischen der abgebildeten Natur und der Wirklichkeit an sich keine künstlerisch herbeigeführte Differenz ausmachen ließ, sahen sie in der Fotografie das Prinzip der Mimesis ausgesetzt.[12] Hieraus erklärt sich die Motivation hinter der prominenten Platzierung der Formel »Fotografie nach der Natur« direkt unter dem Motiv – was in der Diskussion um den Status der Fotografie als Kunst als Malus aufgefasst wurde, erwies sich in ihrer Vermarktung als Vorlagenmaterial als Qualität.

that were in circulation: landscapes, architecture, portraits, object studies, nudes, and art reproductions are only the most common forms of the photographic *études d'après nature*.[9]

In their formal presentation, the prints were commensurate with the conventions of the time (fig. 1). Never sold without further processing, the images were always mounted on cardboard and included information on the photographer, sales location, and subject. One of these "paratexts"[10] of commercially distributed photographs was the phrase *photograph after nature*, which was usually placed below the print in a font size similar to the information on the photographer. Like a helping hand for classifying the photograph, the wording refers to the picture's intended use, while also emphasizing the acquired objectivity and veracity of the photographic image. The similarity of this wording, which was reminiscent of classical academic studies, and the photographic discourse of the nineteenth century is primarily due to the special significance that the term *nature* was given within this context. From William Henry Fox Talbot's *Pencil of Nature* to the early reactions made in response to the presentation of the first daguerreotypes in Paris, photographic images were viewed as the expression of nature that inserted itself into the picture, regardless of the specific process used.[11] As a result, photography was considered – even long after the early days of the medium – a process that was closer to nature than painting or other forms of visual arts. Since many of the nineteenth-century commentators were unable to discern any artistic difference between depicted nature and reality, they failed to recognized the principle of mimesis in photography.[12] This explains the motivation behind the prominent placement of the phrase *photograph after nature* directly under the image – which was seen as a drawback in the discussion about the status of photography as art, but turned out to be a quality in its marketing for use as reference material.

A PINE FOREST NEAR BERLIN

One of the many possible examples of a historical photograph after nature is part of the study collection of Berlin University of the Arts. The photograph by Friedrich Albert Schwartz, which belongs to the series *Skizzen aus Wald und Flur* (Sketches of Forests and Fields), shows a pine forest on the outskirts of Berlin and was taken between 1867 and 1882.[13] The image is dominated by a pine tree with a crooked trunk that practically unhinges the picture: photographed from below on a steep inclination, a scene unfolds around the tree that is difficult to decipher at first glance. Although most of the surrounding pines are straight, they are staggered at varying angles and concentration in the image, making it not immediately apparent which elements might lend themselves to being developed in a painting. Schwartz nevertheless distinctively emphasizes the characteristic morphology of the pines with their tall trunks and

EIN KIEFERNWALD BEI BERLIN

Eines unter vielen möglichen Beispielen einer historischen »Fotografie nach der Natur« findet sich in der Lehrsammlung der Universität der Künste Berlin. Die Aufnahme von Friedrich Albert Schwartz stammt aus der Serie *Skizzen aus Wald und Flur* und zeigt einen Kiefernwald im Berliner Umland, der zwischen 1867 und 1882 fotografiert wurde.[13] In ihrem Zentrum steht eine Kiefer, deren krumm gewachsener Stamm das Bild jedoch nahezu aus den Angeln hebt: In starker Untersicht und an einem abfallenden Hang fotografiert, entfaltet sich um den Baum eine auf den ersten Blick nur schwer zu erfassende Szenerie. Obwohl die umliegenden Kiefern überwiegend aufrecht gewachsen sind, staffeln sie sich in variierenden Neigungen und Dichten ins Bild, sodass nicht unmittelbar ersichtlich wird, welche Elemente sich für eine malerische Weiterverarbeitung anbieten könnten. Nichtsdestotrotz hebt Schwartz die charakteristische Morphologie der Kiefer mit hochgewachsenem Stamm und nach oben verlagertem Nadelwerk markant hervor, wodurch der Wald in seinem Zustand zwischen Kultivierung und wildem Wachstum erfahrbar wird – eine auffallend unscheinbarer Zustand, der sich erst in seiner Funktion als Vorstufe als bildwürdig erweist.

Abb. / Fig. 1 Friedrich Albert Schwartz, Kiefernwald / Pine Forest
aus der Serie / from the series *Skizzen aus Wald und Flur*
[Sketches of Forests and Fields], 1867–1882,
Albuminabzug / Albumen print
Universität der Künste Berlin Universitätsarchiv

Die Wahrscheinlichkeit, wie Schwartz im Berliner Umland auf einen Kiefernwald zu stoßen, war bereits in den 1870er Jahren hoch: Mit einem Anteil von rund 70 Prozent machte die Kiefer um 1865 den größten Anteil der Baumbestände in Preußen aus.[14] Ursächlich für diese weitreichende Verbreitung waren forstwirtschaftliche Maßnahmen, die aus der Übernutzung von Eichen- und Buchenbeständen im ausgehenden 18. Jahrhundert resultierten. Mit dem Wachstum der Städte Berlin und Potsdam, steigenden Bevölkerungszahlen und der Ansiedlung neuer Industrien, insbesondere von Glashütten und metallverarbeitenden Betrieben, ging ein steigender Holzbedarf einher, dem jedoch nicht mit hinreichender Aufforstung begegnet wurde. Auf den durch die ungenügende Bewirtschaftung erschöpften Böden ließen sich schließlich nur noch Kiefern kultivieren: ein verhältnismäßig anspruchsloser Baum, der schnelle Holzerträge liefert. Innerhalb von Jahrzehnten wandelte sich das Waldbild so von dem ehemals vorherrschenden Mischwald hin zu Kiefernmonokulturen, die auch heute noch prägend für die Waldlandschaft der Region sind. Wenngleich unklar ist, wie das fotografierte Waldstück konkret genutzt wurde, ist die Geschichte des Kiefernwalds in Nordostdeutschland doch so eng mit den Prozessen der Industrialisierung und des demografischen Wandels am Beginn des Klimawandels verbunden, dass die Aufnahme aus heutiger Sicht über ihre Funktion als

expansive crowns of needles toward the top, making it possible to experience the forest's intermediate state between cultivated and wild growth – a markedly nondescript state that only proves its visual worthiness in its function as a preliminary picture.

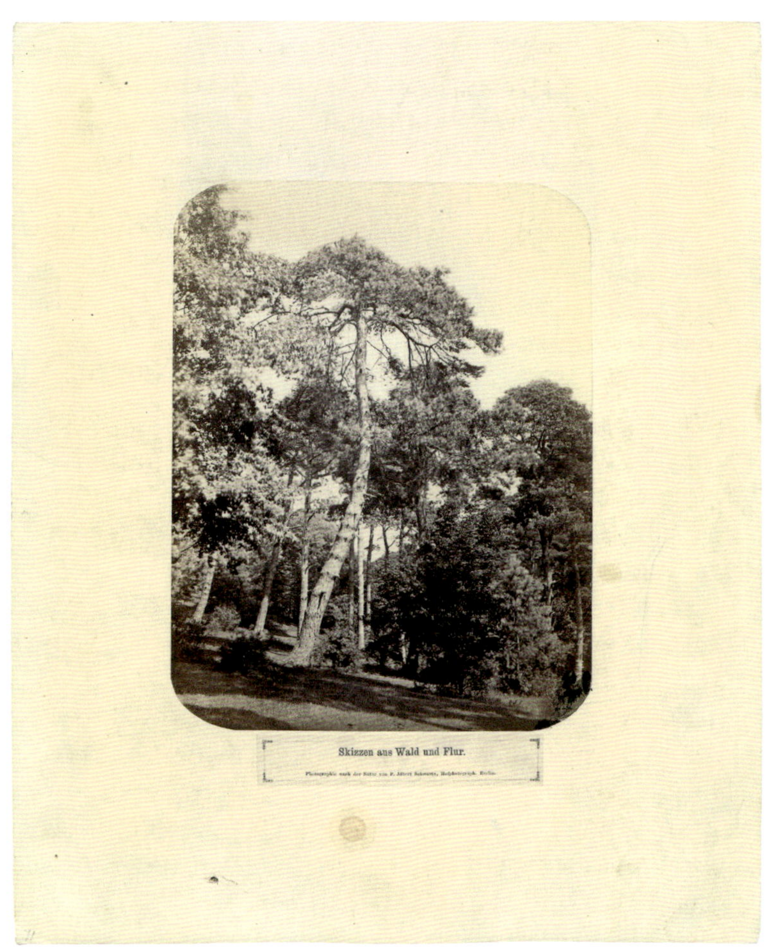

The probability of encountering a pine forest in the surroundings of Berlin, as Schwartz did, was quite high in the 1870s since approximately seventy percent of the trees in Prussia around 1865 were pines.[14] The high incidence of pines was related to forestry measures resulting from the overuse of oak and beech stock in the late eighteenth century. Urban growth in Berlin and Potsdam, the rise in population, and the establishment of new industries, especially glass factories and plants for processing metal, contributed to an increase in wood use, which in spite of reforestation attempts could not be sufficiently met. Exhausted by inadequate cultivation, the soil could ultimately only support pines, relatively undemanding trees that quickly produce lumber. Within a few decades, the forests of Brandenburg were transformed from predominantly mixed forests to pine monocultures that are still

Vorlage hinausweist. Angesichts der Anfälligkeit von Kiefernmonokulturen für Schädlinge und Waldbrände sowie der nur langsam voranschreitenden Bemühungen um Diversifizierung der Baumbestände steht sie zudem für die *longue durée* der Entscheidungen, die wirtschaftlichen Erwägungen den Vorrang gegenüber ökologischen Belangen einräumen.[15]

Zwischen den verschiedenen Bedeutungsebenen der Formel »nach der Natur« entspinnt sich somit ein für die Geschichte der Fotografie, den Film und die generativen Bildgebungsverfahren der Gegenwart produktives Spannungsfeld. Bereits der historische Gebrauch des Studienmaterials trägt eine gewisse Ambiguität in sich: Einerseits zeigt sich in der ihm zugeschriebenen Funktion ein Verständnis von der Fotografie als transparentes, die eigene Gemachtheit negierendes Medium, das seitens der Fototheorie lange Zeit fortgeschrieben wurde und durch die aktuellen Forschungen zu den Auswirkungen ihrer Produktion auf die Umwelt nun abermals dekonstruiert wird. Andererseits verortet sich der praktische Gebrauch der Aufnahmen als Vorlagen für die Produktion von Gemälden wiederum in einem Kontext, der Bildwerdung per se als einen Transformationsprozess markiert. Auch hier kann die historische Gegenüberstellung medialer Logiken als Memento dienen, die verwendeten visuellen Codes ernst zu nehmen: Es ist ein Unterschied, ob Schwartz den Kiefernwald als pittoreske Landschaft, forstwirtschaftlichen Betrieb oder ungeordnetes Stück Natur fotografiert. Wenngleich heute ein stärkeres Bewusstsein dafür besteht, dass fotografische Bilder geformte Objekte sind, so gilt es doch dieses Wissen immer wieder neu zu vermitteln – auch wenn es um die Dokumentation der Folgen der Klimakrise geht. Vor diesem Hintergrund kann eine auf die Gegenwart bezogene, durch die Erfahrung der Klimakrise informierte Lesart der Formulierung »nach der Natur« zudem ein Bewusstsein für all jene Momente schaffen, in denen sich Vorstellungen von Natur gleichsam hintergründig manifestieren. Eine ökologische Geschichte der Fotografie bringt somit nicht nur eigene Bildformen hervor, sondern verändert auch den Blick auf bestehende Bilder. Sie arbeitet gegen eine »Naturalisierung«[16] technischer Bilder an und erkundet zugleich deren Potenzial für neue, zukunftsfähige Vorstellungen von Natur.

KATHARINA TÄSCHNER ist Fotohistorikerin und Kuratorin. Als ehemalige Stipendiatin des Programms »Museumskurator:innen für Fotografie« der Alfried Krupp von Bohlen und Halbach-Stiftung hat sie an zahlreichen internationalen Ausstellungsprojekten in Deutschland, Frankreich und der Schweiz mitgewirkt. Bei C/O Berlin kuratiert sie den *After Nature . Ulrike Crespo Photography Prize*.

characteristic of the region. While it is unclear how this photographed forest view was exactly used, the history of the pine forest in north-eastern Germany is so closely linked with the processes of industrialization and the demographic transformation at the beginning of climate change that from today's perspective the photograph transcends its function as reference material. In view of pine monocultures' susceptibility to vermin and forest fires as well as the slowly progressing attempts to diversify the tree population, the image also represents the longue durée of decisions that gave economic considerations precedence over ecological issues.[15]

The different levels of meaning of the phrase *after nature* produce a field of tension that is productive for the history of photography, film, and the generative image-producing processes of the present. The historical use of study material already includes an element of ambiguity. On the one hand, the designated function reveals an understanding of photography as a transparent medium that negates its own fabricated nature, which photography theory perpetuated for a long time and has once again been deconstructed by current research on the impact of its production on the environment. On the other hand, the practical use of the images as reference material employed in producing paintings places them in turn in a context that marks the act of becoming an image as a transformative process. Here, too, the historical comparison of reasoning relating to the medium can serve as a reminder that we should take the visual codes employed seriously: it does make a difference for Schwartz to photograph the pine forest as a picturesque landscape, a forestry business, or a disorderly piece of nature. Although there is a greater awareness today of the fact that photographs are shaped objects, it is important to always reiterate this knowledge – including for the purpose of documenting the consequences of the climate crisis. Against this background, a new way of reading the phrase *after nature* in a way that is related to the present and informed by the experience of climate change can also create an awareness of all the moments in which concepts of nature manifest themselves incidentally as well. An ecological history of photography does not only bring forth new visual forms; it also changes the view of images that already exist. It works against a "naturalization"[16] of technological images while investigating their potential for new, sustainable concepts of nature.

KATHARINA TÄSCHNER is a photo historian and curator. As a former fellow of the Alfried Krupp von Bohlen und Halbach-Stiftung's program "Museum Curators for Photography," she has participated in numerous international exhibition projects in Germany, France, and Switzerland. At C/O Berlin she is curator of the *After Nature . Ulrike Crespo Photography Prize*.

1 Zur »Schwierigkeit der Konzeptualisierung von Natur« siehe Hartmut Böhme, »Natürlich/Natur«, in: *Ästhetische Grundbegriffe*, Bd. 4, hg. von Karlheinz Barck u. a., Stuttgart und Weimar 2002, S. 432–498, hier S. 432–439. Siehe weiterführend auch Philippe Descola, *Jenseits von Natur und Kultur* [2005], Berlin 2011, und Bruno Latour, *Kampf um Gaia. Acht Vorträge über das neue Klimaregime* [2015], Berlin 2017.

2 Vgl. *Mining Photography. Der ökologische Fußabdruck der Bildproduktion*, hg. von Boaz Levin, Esther Ruelfs und Tulga Beyerle, Ausst.-Kat. Hamburg, Museum für Kunst und Gewerbe, Leipzig 2022, und *Image Ecology*, hg. von Boaz Levin und Kathrin Schönegg, Ausst.-Kat Berlin, C/O Berlin, Leipzig 2023.

3 Hartmut Böhme, »Ökologie, Ästhetik und Technik in der dritten Natur«, in: *Dritte Natur. Technik, Kapital, Umwelt*, 1. Jg., Nr. 1, 2018, S. 6–21, hier S. 11.

4 Einen Einblick in die verschiedenen Facetten einer ökologischen Geschichte der Fotografie bietet *Les histoires écologiques de la photographie*, hg. von Teresa Castro, Brenda Lynn Edgar und Estelle Sohier, Ausgabe der Zeitschrift *Transbordeur*, Nr. 8, 2024.

5 Siehe beispielsweise *Speculations on Anonymous Materials – Nature After Nature – Inhuman*, hg. von Susanne Pfeffer, Ausst.-Kat. Kassel, Fridericianum, London 2018; T. J. Demos, »Art After Nature«, in: *Artforum*, Bd. 50, Nr. 8, 2012, S. 191–198, sowie weiterführend Jedediah Purdy, *After Nature. A Politics for the Anthropocene*, Cambridge und Massachusetts 2015.

6 Vgl. Jason Moore, »Kapitalismus, Natur und der prometheische Blick. Von Mercator bis zum Weltraumzeitalter«, in: *Image Ecology* (wie Anm. 2), S. 65–75; Böhme 2018 (wie Anm. 3), S.11, und Timothy Morton, *Ökologie ohne Natur. Eine neue Sicht der Umwelt* [2007], Berlin 2016.

7 Vgl. hierzu auch Hartmut Böhme, *Aussichten der Natur. Naturästhetik in Wechselwirkung von Natur und Kultur* [2017], Berlin [2]2020, S. 12–16, der in aller Kürze verschiedene Auslegungen eines »Zeitalters nach der Natur« skizziert.

8 Bernd Stiegler, »Nach der Natur. Die Études d'après nature«, in: *Vorbilder Nachbilder. Die fotografische Lehrsammlung der Universität der Künste Berlin 1850–1930*, hg. von Ulrich Pohlmann, Dietmar Schenk und Anastasia Dittmann, Ausst.-Kat. München, Stadtmuseum, Köln 2020, S. 68–77, hier S. 68.

9 Vgl. ebd., insbes. S. 68–72.

10 Vgl. Gérard Genette, *Paratexte. Das Buch vom Beiwerk des Buches* [1987], Frankfurt am Main 2014.

11 Einen Überblick bietet Bernd Stiegler, *Theoriegeschichte der Fotografie*, München 2006.

12 Vgl. Gunter Gebauer und Christoph Wulf, *Mimesis. Kultur – Kunst – Gesellschaft*, Hamburg 1992, S. 84.

13 Die Datierung ergibt sich aus dem verso auf dem Blatt angebrachten Adressaufkleber des Ateliers in der Friedrichstraße 115, das Schwartz in diesem Zeitraum betrieb. Vgl. den Sammlungseintrag unter https://www.bildindex.de/document/obj18912580 (abgerufen am 15. März 2024). Informationen zu den Ateliers, die Schwartz im Laufe seiner Karriere betrieb, finden sich in Ines Hahn, »Das Berliner Album des Fotografen F. Albert Schwartz«, in: *Camera Berolinensis. Das Berlin Album des Fotografen F. Albert Schwartz*, 1836–1906, Ausst.-Kat. Berlin, Stiftung Stadtmuseum Berlin, 2006, S. 11–17.

14 Albrecht Milnik, »Zur Geschichte der Kiefernwirtschaft in Nordostdeutschland«, in: *Die Kiefer im nordostdeutschen Tiefland – Ökologie und Bewirtschaftung*, hg. von der Landesforstanstalt Eberswalde, Potsdam 2007, S. 14–21, hier S. 16. Auch die übrigen Informationen in diesem Absatz stammen aus Milniks Artikel.

15 Auch im Jahr 2023 betrug der Anteil von Kiefern in Brandenburg 70,1 Prozent. Siehe *Waldzustandsbericht 2023 des Landes Brandenburg*, hg vom Ministerium für Landwirtschaft, Umwelt und Klimaschutz, Potsdam 2023, S. 13. Online unter https://forst.brandenburg.de/sixcms/media.php/9/wzb23.pdf (abgerufen am 14. Juni 2024).

16 Vgl. Siobhan Angus, *Camera Geologica. An Elemental History of Photography*, Durham 2024, S. 25.

1 On the “difficulty of conceptualizing nature,” see Hartmut Böhme, “Natürlich/Natur,” in *Ästhetische Grundbegriffe*, vol. 4, ed. Karlheinz Barck et al. (Stuttgart and Weimar, 2002), pp. 432–98, here pp. 432–39. See also Philippe Descola, *Beyond Nature and Culture* [2005], trans. Janet Lloyd (Chicago, 2013); and Bruno Latour, *Facing Gaia: Eight Lectures on the New Climatic Regime* [2015], trans. Catherine Porter (Oxford, 2017).

2 See *Mining Photography: The Ecological Footprint of Image Production*, ed. Boaz Levin, Esther Ruelfs, and Tulga Beyerle, exh. cat. Museum für Kunst und Gewerbe, Hamburg (Leipzig, 2022); and *Image Ecology*, ed. Boaz Levin and Kathrin Schönegg, exh. cat. C/O Berlin, Berlin (Leipzig, 2023).

3 Hartmut Böhme, “Ökologie, Ästhetik und Technik in der dritten Natur,” *Dritte Natur: Technik, Kapital, Umwelt* 1, no. 1 (2018), pp. 6–21, here p. 18.

4 An overview of the various facets of an ecological history of photography is offered by “Les Histoires écologiques de la photographie,” ed. Teresa Castro, Brenda Lynn Edgar, and Estelle Sohier, special issue, *Transbordeur* no. 8 (2024).

5 See, for example, *Speculations on Anonymous Materials – Nature After Nature – Inhuman*, ed. Susanne Pfeffer, exh. cat. Fridericianum, Kassel (London, 2018); T. J. Demos, “Art after Nature,” *Artforum* 50, no. 8 (2012), pp. 191–98; and Jedediah Purdy, *After Nature: A Politics for the Anthropocene* (Cambridge, MA, 2015).

6 See Jason Moore, “Between the Devil and the Deep Blue Marble: Capitalism, Nature, and the Promethean Gaze, from Mercator to the Space Age,” in *Image Ecology* (see note 2), pp. 65–74; Böhme 2018 (see note 3), p. 11, and Timothy Morton, *Ecology Without Nature: Rethinking Environmental Aesthetics* (Cambridge and London, 2007).

7 See Hartmut Böhme, *Aussichten der Natur: Naturästhetik in Wechselwirkung von Natur und Kultur* [2017], 2nd edition (Berlin, 2020), pp. 12–16, which briefly summarizes various interpretations of an “age after nature.”

8 Bernd Stiegler, “After Nature – The Études d’après nature,” in *Paragons Afterimages: Photographs from the Berlin University of the Arts 1850–1930*, ed. Ulrich Pohlmann, Dietmar Schenk, and Anastasia Dittmann, trans. Susie Hondl, exh. cat. Münchner Stadtmuseum, Sammlung Fotografie, Munich (Cologne, 2020), pp. 69–77, here p. 69.

9 Cf. Stiegler 2020 (see note 8), pp. 69–73.

10 Cf. Gérard Genette, *Paratexts: Thresholds of Interpretation* [1987], trans. Jane E. Lewin (Cambridge and New York, 1997).

11 For an overview, see Bernd Stiegler, *Theoriegeschichte der Fotografie* (Munich, 2006).

12 Cf. Gunter Gebauer and Christoph Wulf, *Mimesis: Kultur – Kunst – Gesellschaft* (Hamburg, 1992), p. 84.

13 The date range can be surmised from the address label that is affixed to the verso of the sheet; it gives the studio address as Friedrichstrasse 115, which was run by Schwarz in this period. See the catalog entry at https://www.bildindex.de/document/obj18912580 (accessed on March 15, 2024). For more information on Schwarz’s studios over the course of his career, see Ines Hahn, “Das Berliner Album des Fotografen F. Albert Schwartz,” in *Camera Berolinensis: Das Berlin Album des Fotografen F. Albert Schwartz, 1836–1906*, exh. cat. Stiftung Stadtmuseum, Berlin (Berlin, 2006), pp. 11–17.

14 Albrecht Milnik, “Zur Geschichte der Kiefernwirtschaft in Nordostdeutschland,” in *Die Kiefer im nordostdeutschen Tiefland – Ökologie und Bewirtschaftung*, ed. Landesforstanstalt Eberswalde (Potsdam, 2007), pp. 14–21, here p. 16. Milnik’s article is also the source of the other information in this paragraph.

15 Pines made up 70.1 percent of the forests in Brandenburg in 2021 as well. See *Waldzustandsbericht 2023 des Landes Brandenburg*, ed. Ministerium für Landwirtschaft, Umwelt und Klimaschutz, Potsdam (Potsdam, 2023), p. 13; https://forst.brandenburg.de/sixcms/media.php/9/wzb23.pdf (accessed on June 14, 2024).

16 See Siobhan Angus, *Camera Geologica: An Elemental History of Photography* (Durham, NC, 2024), p. 25.

LAURA HUERTAS MILLÁN

Laura Huertas Millán (*1983, Kolumbien) ist Künstlerin und Filmemacherin. Sie wurde an der Université PSL (SACRe-Programm) in Paris promoviert und hat in diesem Rahmen am Sensory Ethnography Lab der Harvard University geforscht. Ihre Filme waren auf führenden Festivals vertreten, unter anderem beim Filmfestival von Locarno, dem FIDMarseille, Doclisboa in Lissabon und Videobrasil in São Paulo. Das MASP São Paulo, das Maison des Arts de Malakoff und das Museum of Modern Art in Medellín zeigten Einzelausstellungen ihrer Arbeiten. Zudem waren ihre Arbeiten im Centre Pompidou und im Jeu de Paume in Paris, im Guggenheim Museum in New York, auf der Times Art Berlin und der Liverpool Biennale, FRONT International – Cleveland Triennial for Contemporary Art, der Videonale in Bonn und der Sharjah Biennale zu sehen. Sie lebt und arbeitet in Frankreich.

Laura Huertas Millán (*1983, Colombia) is an artist and filmmaker. She has a PhD from Université PSL (SACRe program) in Paris, which she developed at the Sensory Ethnography Lab at Harvard University. Her films have been shown at leading world cinema festivals and awarded prizes at the Locarno Film Festival, FIDMarseille, Doclisboa in Lisbon, and Videobrasil in São Paulo. She has had solo exhibitions at the MASP São Paulo, the Maison des Arts de Malakoff, and the Museum of Modern Art in Medellín. Her films have also been exhibited and screened at the Centre Pompidou and the Jeu de Paume in Paris, the Solomon R. Guggenheim Museum in New York, the Times Art Center Berlin, and presented at biennials such as the Liverpool Biennial, FRONT International: Cleveland Triennial for Contemporary Art, the Videonale in Bonn, and the Sharjah Biennial. She lives and works in France.

IMPRESSUM / COLOPHON

Diese Publikation erscheint im Rahmen des *After Nature . Ulrike Crespo Photography Prize* 2024 anlässlich der Doppelausstellung / This book is published as part of the *After Nature . Ulrike Crespo Photography Prize* 2024 on the occasion of the double exhibition

Laura Huertas Millán . Curanderxs
und / and
Sarker Protick . অঙ্গার / Awngar

C/O Berlin Foundation
Amerika Haus
Hardenbergstrasse 22–24
10623 Berlin, Germany
www.co-berlin.org

14. September 2024 bis 22. Januar 2025 /
September 14, 2024, to January 22, 2025

Zweite Station im Frühjahr 2025 im
Crespo Open Space, Frankfurt am Main /
Second venue in spring 2025 at the
Crespo Open Space, Frankfurt am Main

Ausstellungskuratorin / Exhibition Curator
Katharina Täschner

Leihgaben- und Ausstellungsmanagement /
Loans and Exhibition Management
Carolin Bollig

PUBLIKATION / PUBLICATION

Herausgeberin / Editor
Katharina Täschner für / for
C/O Berlin Foundation

Katalogredaktion / Catalog Editing
Katharina Täschner

Buchdesign / Book Design
Naroska Design

Lektorat / Copyediting
Dr. Sylvia Zirden (DE)
Sylee Gore (EN)

Übersetzungen / Translations
Kathrin Hadeler (DE)
Dr. Tas Skorupa (EN)

Fahnenkorrektorat / Proofreading
Uli Nickel (DE)
Dr. Tas Skorupa (EN)

Bildbearbeitung / Color separation:
Carsten Humme, Leipzig

Papier / Stock
135 g/m² Magno Volume, 330 g/m² Les Naturals

Druck und Bindung / Printing and Binding
Gutenberg Beuys Feindruckerei GmbH, Langenhagen

Erste Auflage / First edition September 2024

Erschienen bei / Published by
Hartmann Books
Liststrasse 28/1
70180 Stuttgart
hartmann-books.com

ISBN 978-3-96070-114-9

Printed in Germany

Ein gemeinsames Projekt von / A joint project of

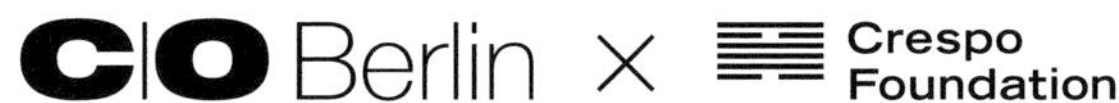

C/O BERLIN FOUNDATION

Vorstand / Executive Board
Stephan Erfurt, Vorstandsvorsitzender / CEO
Dr. Andreas Behr

Programm / Program
Sophia Greiff, Co-Programmleitung /
Co-Head of Program
Boaz Levin, Co-Programmleitung /
Co-Head of Program
Veronika Epple, Junior-Kuratorin /
Junior Curator
Katharina Täschner, Junior-Kuratorin /
Junior Curator

Leihgaben- und Ausstellungsmanagement /
Loans & Exhibition Management
Carolin Bollig
Morgan Lacroix

Kaufmännische Leitung / Managing Director
Karin Hänsler

Sponsoring und / and Fundraising
Louisa Seelis, Leitung /
Head of Sponsoring and Fundraising

Rechnungswesen / Finances and Accounting
Kirsten Mintert, Leitung / Head of Finance
Silke Willenborg

Education
Sibylle Kufus, Leitung / Head of Education
Frauke Menzinger

Kommunikation / Commmunication
Beatrice Di Buduo, Leitung /
Head of Communication
Ksenia Disterhof, Presse- und
Öffentlichkeitsarbeit /
Press and Public Relations
Paulina Weiß, Digital Media

Veranstaltungsmanagement / Event Management
Eva Marx

Personalentwicklung / Human Resources Development
Louisa Seelis

Design
Marc Naroska, Leitung / Art Director
Max Schürmann, Design

Office Management
Katja Weinhold

Technik / Tech
Björn Rohde, Leitung / Technical Manager
Sebastian Biskup

C/O Berlin Friends
Sibylle Kufus, Geschäftsführung /
Managing Director

Bookshop
Raluca Blidar, Leitung / Head of Bookshop

Besucher:innen Betreuung und Empfang /
Visitor Care
Yanina Raspa, Leitung / Head of Visitor Care
Matthias Walendy, Leitung / Head of Visitor Care

Sara Garzón:
Abb. / Fig. 1: Felipe Guaman Poma de Ayala in Martín de Murúa, *Historia del origen y geneologia real de los reyes Incas del Pirú* [Geschichte der Herkunft und der königlichen Genealogie der Inka-Könige der Pyru / History of the Origin and Royal Genealogy of the Inca Kings of the Pyru], 1590, f.141v, Sammlung Seán Galvin, publiziert / published in Thomas Commins u.a. / et. al., *Los incas, reyes del Perú*, Lima 2005, S. / p. 134

Abb. / Fig. 2: Unbekannt / Anonymous, *A Section of a Silver Mine in Potosí, and the Manner of Working It* [Ein Abschnitt einer Silbermine in Potosí und die dortige Arbeitsweise], ca. 1750, Kupferstich / engraving, 17 × 29 cm, London, Wellcome Collection, https://wellcome-collection.org/works/r9t2n4e5 (Zugriff am 24. Juni 2024 / accessed on June 24, 2024), Public Domain

Katharina Täschner:
Abb. / Fig. 1: Friedrich Albert Schwartz, Kiefernwald / Pine Forest, aus der Serie / from the series *Skizzen aus Wald und Flur* [Sketches of Forests and Fields], 1867–1882, Albuminabzug / Albumen print, 22,3 × 17,2 cm (Bildmaß / image), Universität der Künste Berlin, Universitätsarchiv 300d-XVIII, 285F © UdK Berlin